U0505640

Finance"County Directly Under Provincial Administration"

ECONOMIC GROWTH EFFECT OF CHINA:

Theory and Demonstration

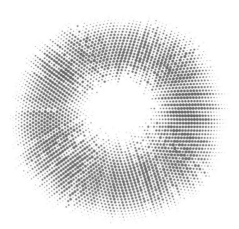

财政"省直管县"的经济增长效应

理论与实证

钟荣华 / 著

中国财经出版传媒集团

经济科学出版社
Economic Science Press

图书在版编目（CIP）数据

财政"省直管县"的经济增长效应：理论与实证/
钟荣华著 . —北京：经济科学出版社，2021.9
ISBN 978 – 7 – 5218 – 2891 – 7

Ⅰ.①财⋯　Ⅱ.①钟⋯　Ⅲ.①县 – 地方财政 – 财政
管理 – 研究 – 中国　Ⅳ.①F812.7

中国版本图书馆 CIP 数据核字（2021）第 187803 号

责任编辑：宋艳波
责任校对：郑淑艳
责任印制：王世伟

财政"省直管县"的经济增长效应
——理论与实证
钟荣华/著
经济科学出版社出版、发行　新华书店经销
社址：北京市海淀区阜成路甲 28 号　邮编：100142
总编部电话：010 – 88191217　发行部电话：010 – 88191540
网址：www. esp. com. cn
电子邮箱：esp@ esp. com. cn
天猫网店：经济科学出版社旗舰店
网址：http://jjkxcbs. tmall. com
北京季蜂印刷有限公司印装
710 × 1000　16 开　12 印张　200000 字
2021 年 9 月第 1 版　2021 年 9 月第 1 次印刷
ISBN 978 – 7 – 5218 – 2891 – 7　定价：56.00 元
（图书出现印装问题，本社负责调换。电话：010 – 88191510）
（版权所有　翻印必究　举报电话：010 – 88191586
电子邮箱：dbts@ esp. com. cn）

序

从历史视角看，财政问题历来是关系国家治理和长治久安的重大问题，其中财政体制问题又历来是国家治理结构中的核心问题，对各级政府的行为产生重大影响。财政体制内嵌于政治体制、行政体制、经济体制当中，具有稳定性和敏感性特征，财政体制的改革调整牵一发而动全身，必须审慎推进，只有在深入研究清楚并做出风险评估之后才能实施。

1994 年分税制财政体制改革构建了中央与地方财政关系在收入侧的框架，而支出侧的改革，如中央与地方支出责任、事权划分仍在改革之中，地方财政体制在区域发展不均衡的情况下如何进一步完善也在探索之中。进入新世纪以来，在地方财政体制改革方面，财政"省直管县"改革从浙江等个别省份试点起步，逐步扩大到更广范围。中央曾经发文件提出设想和要求，2009 年，财政部正式下发《关于推进省直接管理县财政改革的意见》，财政"省直管县"一度成为全国省以下财政管理体制改革的主要路径。

财政"省直管县"改革主要希望解决三个问题：一是缓解县级财政困难。县级财政由省级直管，可以发挥省级相对强大的资金调度和保障能力，加大对县级的转移支付力度，增强县级财政保障能力，并解决市级财政被广为诟病的"雁过拔毛"现象。二是加快县域经济发展。通过下放收入，赋予更多财权，调动县级发展经济的积极性，增强县级自身"造血"能力。三是提高财政资金运行效率。压缩财政管理层级，市县两级财政关系由隶属转为平行,中央、省级财政资金、政策等可以直达县级,提升了财政资金调度、下达的效率。

缓解县级财政困难、提升资金运行效率这两个方面的路径比较明确,实践效果也较为显著。但是,在加快县域经济发展方面,则显得复杂很多,主要集中在三个问题:一是财政"省直管县"能够促进县域经济发展吗?二是财政"省直管县"以什么机理和路径影响县域经济增长?三是财政"省直管县"的经济增长效应是短期、中期还是长期效应?这种效应可持续吗?厘清这些问题又十分重要,在财政部全国全面部署启动财政"省直管县"改革已经超过10年之后,很有必要对这一改革进行一次全面、科学的总结和评估。事实上,部分省份已经开始调整财政"省直管县"体制,但调整方向并不一致,有收缩的,也有扩围的,调整是否科学并没有明确的论证报告,学界的研究也渐渐转冷。在全面深化改革的今天,很有必要对这个财政省直管县问题进行进一步的深入分析。

基于此,湖南省财政厅财政科学研究所所长钟荣华研究员在长期跟踪研究此问题基础上,历时两年撰写了《财政"省直管县"的经济增长效应——理论与实证》一书。钟荣华研究员长期在省级财政部门从事财政改革、政策与管理的研究工作,既熟悉财政业务工作内容,又对学术研究保持浓厚兴趣。本书从研究方法、研究过程到研究结论,既采用了理论研究常用的方法,又充分发挥了作者在政策把握、数据采集等方面的优势,具有三个方面的鲜明特征:

一是理论分析较为深入。在沿用传统分析财政分权对经济增长影响的基础上,作者创新性地引入收入、支出两个维度的中介变量,探讨收入分权、支出分权影响经济增长的机理、路径,并运用主流的 DID 准自然实验分析工具,深入分析了其经济增长效应大小、变化趋势,以及两个中介变量的不同经济增长效应。

二是系统性较强。作者较为系统总结了我国财政"省直管县"改革的历史、背景,梳理了全国不同省份财政"省直管县"的主要模式、内容,在此基础上,科学系统开展财政"省直管县"经济增长效应评估,既有理论基础,又有实践总结。

三是有参考价值。本书在成书过程中，开展了大量的实地调研走访，掌握了丰富的第一手素材。既肯定财政"省直管县"改革取得的成效，也从中央对区域经济布局调整、城镇化和城市群都市圈空间经济形态等新的要求角度，分析财政"省直管县"面临的新形势、新要求和新问题，并相应提出的思路和建议，对下一步改革调整完善财政"省直管县"有一定的参考价值。

此为序。

刘尚希

2021 年 9 月

目录·CONTENTS

第一章

导 论

→ **第一节**
问题的提出

如何促进经济长期、可持续增长，对任何一个国家、地区，既是永恒的难题，也是必须不断探索的重大课题。对中国而言，自古以来都是"郡县治，天下安"，县级历来是中国最稳定、最重要的行政区划单位，在确保政治政权稳定、促进经济发展方面发挥着不可替代的关键作用。根据民政部 2019 年发布的《中华人民共和国县以上行政区划代码》，全国（不包括港澳台）除市辖区、林区、特区以外，共有 1879 个县级行政区划，其中 375 个县级市、1335 个县、117 个自治县、49 个旗、3 个自治旗。2019年，中国县域经济创新发展论坛发布的数据显示，2018 年全国县域 GDP总量约 39.1 万亿元，占全国 GDP 总量的 41%，是全国经济版图中不可或缺的重要力量之一。

但是，与省级、市州级特别是具有可比性的市辖区相比，由于在地理位置、资源禀赋、吸引人才、招商引资、资本流入等方面存在天然劣势，我国大部分县域经济发展一直存在着产业支撑弱、持续增长乏力、财政收支困难、地区间发展失衡等突出问题，制约着我国经济社会长期可持续发展。据统计，我国县域地理面积约 896 万平方公里，占全国的93%；人口约 9.4 亿人，占全国的 73%；但 GDP 占比则相差甚远，约 40%

多一点。同时，县域之间发展极不平衡，东部沿海发达地区县域经济发展远远快于中西部及东北地区，同一省域内的县域经济发展也存在较大差异，距离中心城市越近发展越快，边远地区、山区、老区等则发展较慢。

针对上述问题和困难，我国推行了一系列政府治理改革措施，其中以旨在调整"省—市—县"之间纵向财政关系的财政"省直管县"改革影响最为深远。进入21世纪以来，安徽、湖北、河南等省份学习借鉴浙江改革经验，自发地开展财政"省直管县"改革试点。2009年，财政部在总结各地改革经验和教训的基础上，出台了《关于推进省直接管理县财政改革的意见》，从收支划分、转移支付、财政预决算、资金往来、财政结算等主要方面推进财政"省直管县"改革，并明确提出力争除民族自治地区外全面推行财政"省直管县"改革，截至目前，除少数个别省份外，全国大部分省份已经全部或部分实行财政"省直管县"。

从制度设计看，财政"省直管县"改革主要有三个方面的预期目标：一是缓解县级财政困难。改革后市县财政由从属关系变成平行关系，有利于发挥省级财政统筹能力，减少市（州）财政"雁过拔毛"现象。二是促进县域经济发展。通过财政收支重新分权，增强县级政府发展当地经济的动力和能力。三是提高财政管理效率。通过压缩财政管理层级，实现省级管理直接达到县级，减少中间环节，从而提高管理效率。本书主要关注第二个目标，即改革是否真正达到了促进县域经济发展的目的？如果是，影响机制是如何发挥作用的？这个问题在2019年中央财经委第五次会议提出的"中心城市和城市群正在成为承载发展要素的主要空间形式。新形势下促进区域协调发展，要按照客观经济规律调整完善区域政策体系"[①]大背景下，更加需要科学评估已经推行十多年的财政"省直管县"改革效果，为今后进一步完善改革内容，激发体制机制新活力提供更加科学的依据。

---

① 中央财经委员会第五次会议公报. 新华社，2019－08.

第二节
研究综述

财政"省直管县"改革作为省以下财政体制的一项重大改革措施，从地方自行探索到中央统一部署，引起了学者广泛关注。聚焦于财政"省直管县"改革的重要问题，对大量已有研究成果进行梳理和归纳，可以更系统清晰地认识财政"省直管县"改革的成效与可能存在的问题，对深化财政"省直管县"改革，借此推动经济增长具有重要意义。现有研究内容分为以下几个部分。

一、实践研究

财政"省直管县"改革的实践研究起步相对较早，主要从财政"省直管县"的改革背景、实施条件、改革影响等方面进行梳理。

（一）关于推行财政"省直管县"改革的条件

在财政"省直管县"广泛推行以前，考虑到我国幅员辽阔，东中西部地区县域经济社会发展差异较大，多数研究认为应在考虑各地区域协作、强市带动以及省级政府实际管理能力等因素依序开展财政"省直管县"改革，不能以"一刀切"的方式在全国范围直接推行（王仕军和冯春，2008；房亚明，2010）。庞明礼（2009）提出开展"省直管县"改革需要考虑地理、经济、文化、政治等条件，同时关注不同地区经济发展水平、行政区域面积、行政单位数量、人口规模等因素。刘尚希（2010）从公共风险视角出发，指出推进"省直管县"改革要因地制宜，在适当的时间、地区可以进行县改区。韩春晖（2011）结合地方行政层级的历史演变，指出"省直管县"改革要提高可操作性，需要充分考虑到自然环境、管理半径、监督制度和职能转变等因素。张永理（2012）结合行政区划层级的历史变迁规律，指出"省直管县"改革可能会受到县域经济布局、地区经济差异、城市化进程、区域公共品生产、地方政府区划调整等因素的阻碍。

整体而言，现有文献多数认为在全国推行财政"省直管县"改革，需要注意我国省级直接管理能力、县域经济发展水平、区域间统筹协调能力等因素的地区性差异，因时因地制宜，找准适合自己的模式。

（二）关于财政"省直管县"改革中省市县的利益协调

财政"省直管县"改革涉及省以下各级政府间财政实力的重构，因此，在保证行政效率的前提下明晰各级政府、政府间部门的权责，是改革需要考虑的一个重要问题。庞明礼（2009）指出"省直管县"的实施会使行政层级扁平化，省级部门会因为事务过多难以有效监督指导"省直管县"，而市级部门又因为权力受限无法监督，从而导致"省直管县"可能成为地方保护主义和腐败滋生的重灾区。石亚军和施正文（2010）以安徽省财政"省直管县"实践为例，说明市管县行政体制与"省直管县"财政体制并存，会存在市级财权与事权不对等、县级财政缺乏有效监督和规范等问题。杨德强（2010）认为财政"省直管县"改革需要处理好"省—市"和"市—县"间关系，保持过渡期体制稳定。张占斌（2011）提出，"省直管县"改革要注意协调政府间合作关系，及时转变政府职能、规范政府运作、改变绩效考评方式，否则"省直管县"有可能会出现恶性竞争，不利于区域协调发展。韩艺和雷浩桦（2014）研究发现，"省直管县"改革过程中，市县之间会存在竞争甚至恶性竞争关系，同时，市县为解决区域性公共事务的合作亦可能面临矛盾甚至冲突。

综上所述，财政"省直管县"改革涉及各级政府的权责划分，要统筹协调各方利益，明确责任义务，力求在保证行政效率的前提下平稳推进财政"省直管县"改革。

（三）关于财政"省直管县"改革的经济影响

与"市管县"体制对比，"省直管县"改革弱化了市对县的抑制作用，通过下放管理权限，提供充足财力保障，可以有效激发县域经济活力。这一观点国外学者很早就从财政分权视角进行了探讨。康耶斯（Conyers,

1990）指出，财政分权可能会提高地方工作人员参政议政的积极性，但这一机会有时仅仅为少数地方精英掌握。奥茨（Oates，1993）认为，相较于中央统一政策，地方政府出于对当地选民福利的考虑，在制定基础设施供给政策上会更加注重结合当地实际情况，因而更有利于推动经济发展，即在一定条件下财政分权能够促进经济增长，且这一情况在发达国家中表现更为明显。与奥茨观点不同，第二代财政联邦主义则认为，财政分权与经济增长之间没有必然联系。例如，李威克等（Litvak et al.，1998）提出，财政分权对效率、公平和宏观经济平稳运行的作用并不是一成不变的，其结果取决于具体的制度安排。

近年来，国内学者越来越多地参与到对财政"省直管县"经济增长效应的讨论。多数研究认为，财政"省直管县"有力保障了县级财政运行，缓解了基层财政压力，提高了资金使用效率，对经济增长有积极作用。薄贵利（2006）研究表明，财政"省直管县"可以通过扁平化的财政管理层级，保证省级财政的资金拨付、工作要求等内容可以直接到达县级，信息传递更为通畅、直接、准确，有利于提高行政效率，从而推动县域经济发展。傅光明（2006）指出，财政"省直管县"改革，可以有效避免市级政府截留财政资金、指标，从而提高了资金使用效率。杨志勇（2009）认为，财政"省直管县"有利于促进区域产业结构升级，从而促进县域经济发展。贾康和于长革（2010）提出，财政"省直管县"改革让县级政府拥有了更多财政自主权，有效提升了其对财政经济的调控能力。

然而，也有研究认为财政"省直管县"并不能直接促进经济增长。熊文钊和曹旭东（2008）从行政法学和行政管理学的角度，指出财政"省直管县"改革只是使财政资金不经过市级政府直接到县，但人事任免等重要权力仍归属市级政府，不利于彻底释放县域经济活力。郑风田（2009）认为，强大的民营经济基础是浙江"省直管县"改革成功的主要因素，但这一基础并不存在普适性，不能因浙江的成功而神化"省直管县"，"一刀切"地推进体制改革。肖庆文（2011）、李雪峰等（2016）则指出，财政"省直管县"改革后，省级政府由于监管内容过多而导致管理难度剧增，而市级政府又因为权力受限无法有效监管，经济管理权限难以得到有效利用。

二、实 证 研 究

近年来，随着财政"省直管县"改革的逐步推进，更多学者开始着眼于通过实证方法检验财政"省直管县"的各种经济增长效应，形成的观点也不尽相同。

（一）关于财政分权的经济增长效应

从已有相关文献研究情况看，财政"省直管县"首先涉及的是政府权力下放（即分权）问题，而分权对于经济发展的影响并没有较为明确的结论。

多数学者通过实证检验，发现财政分权有利于推动经济增长。国外研究中，赤井和坂田（Akai & Sakata，2002）利用美国 50 个州 1992 ~ 1996 年的面板数据回归方法，实证发现财政分权有利于推动区域经济增长。穆罕默德（Muhammad，2011）针对截面数据采用 OLS 模型、鄂温坦（Ewetan，2016）针对时间序列采用 VAR 模型，均得到类似的实证结果。洛扎诺（Lozano，2016）进一步引入中介效应模型，发现财政分权对区域经济增长具有间接促进作用。国内研究中，更多是使用省域面板数据验证财政分权对经济增长的促进作用。林毅夫（2000）使用生产函数作为基本研究框架，利用我国 28 个省级行政单位 24 年的面板数据，验证财政分权有利于提高经济效益。沈坤荣和付文林（2005）也利用我国省级面板数据验证了财政分权对省域经济增长有显著促进作用。周东明（2012）利用我国 27 个省级行政单位的面板数据，发现整体而言财政分权有利于推动区域经济增长，且相较于东部地区而言，财政分权更加有利于中西部地区经济增长。林春（2017）利用 SYS - GMM 计量分析方法，实证发现无论从全国层面还是从地区层面，财政分权对经济增长质量都具有显著的促进作用。李永友等（2021）利用分权时序方法，发现相较于财政分权先行或行政分权与财政分权并行，行政分权先行更能促进县域经济增长，这一结论在行政分权一次性全面推开的地区更加明显。

当然，也有学者通过实证分析，验证财政分权对经济增长的抑制作用。菲利普斯和沃莱（Phillips & Woller，1997）研究发现，财政分权对经济增长的作用在发达国家和发展中国家间存在差异，前者具有显著的抑制作用，后者则并不存在相关关系。达屋迪和邹（Davoodi & Zou，1998）利用内生增长模型和包含发达国家以及发展中国家的样本数据发现，在发展中国家，由于支出结构性偏差，财政分权抑制了经济增长。惠顿（Wheaton，2000）、德米尔热（Demurger，2001）认为，财政分权后，地方政府约束减少，会导致教育、医疗、福利项目等方面的开支较低，将不利于地区长期经济增长并导致地区间经济增长的不均衡。阿巴奇和莎拉马特（Abachi & Salamatu，2012）采用内生增长模型实证发现，财政分权并不能显著促进经济增长。龚锋和雷欣（2010）以1997～2007年我国省级数据为样本，运用Shannon－Spearman测度方法全景式评估了中国式财政分权，并通过实证验证中国式财政分权整体上不利于地方经济增长。赵海利（2011）采用双重差分模型检验浙江省财政分权的经济增长效应，结果发现选择性分权改革策略的增长绩效并不明显，县市经济增长依然对传统要素保持较高的依赖。张芬（2015）利用全国1999～2010年的面板数据，也得到了类似的结论。

此外，还有学者研究表明财政分权与经济增长之间存在非线性关系。张晏和龚六堂（2005）利用我国1986～2002年面板数据，发现财政分权对经济增长的作用存在显著跨时差异和地区差异。缪小林等（2014）发现，财政分权与经济增长之间存在倒"U"形关系，即随着财政分权水平的不断加大，财政分权对经济增长的影响作用会存在先正向后负向的变化趋势。刘荣增和陈灿（2020）利用我国2003～2017年285个城市的面板数据，也发现我国财政分权与经济增长质量之间存在"先促进、后抑制"的倒"U"形关系，并且不同时期的财政分权对经济增长的作用也有所不同。

（二）关于财政"省直管县"的经济增长效应

近年来，随着财政"省直管县"改革的逐步推进，更多学者开始关注财政"省直管县"的经济增长效应。

多数学者充分肯定财政"省直管县"对经济增长的积极作用。袁渊和左翔（2011）引入双重差分模型，发现财政"省直管县"改革可以显著推动浙江省小微企业发展，即改革有利于县域经济增长。罗植等（2013）选择了浙江和福建两省的县域面板数据建立双重差分模型，实证结果表明，财政"省直管县"对县域经济具有显著、持续的积极影响。才国伟（2011）利用1999～2008年地级市数据，通过系统GMM方法进行实证分析，结果发现财政"省直管县"改革显著提高了第三产业比重，有利于产业结构优化升级。毛捷和赵静（2012）通过实证发现，财政"省直管县"可以有效推动县级财力增加，促进县域经济增长。郑新业等（2011）以河南省9年县级数据为样本，采用DID方法发现财政"省直管县"改革对改革试点县的经济增长率具有显著的正向作用。高军和王晓丹（2012）利用空间计量方法，发现财政"省直管县"对江苏省51个县（市）经济增长具有显著促进作用，且该作用主要是通过县（市）扩权而产生的"政府竞争效应"实现的。也有研究关注财政"省直管县"促进经济发展的作用路径。王德祥和李建军（2008）基于Bordherding – Deacon模型刻画地方公共品的供给状况，并发现财政"省直管县"有利于改善基层公共产品供给。刘叔申和吕凯波（2012）利用2004～2009年江苏省县级数据，验证了财政"省直管县"改革对公共卫生服务水平具有提升效应。谭之博等（2015）利用双重差分模型，实证发现"省直管县"改革有利于缩小城乡收入差距，推动民生改善，且该影响具有持续性。

与此同时，也有不少学者对财政"省直管县"改革持怀疑和否定的态度。李猛（2012）认为基层财政运行会很大程度上促进财政"省直管县"对经济增长的作用方向，如果不能及时缓解县乡财政困难，财政"省直管县"的抑制作用就会逐步增加。刘冲等（2014）提出财政"省直管县"改革通过增加财政收入刺激经济，但并没有从本质上改善资源错配程度和提升经济效率。肖建华（2017）利用双重差分模型，发现财政"省直管县"改革对江西省经济增长贡献率具有负向影响。有学者进一步分析得到财政"省直管县"抑制经济增长的作用路径。贾俊雪等（2013）发现财政"省直管县"可以有效提高县级政府财政收入自主权，从而有利于县域经济增长，但随着政府机构改革的持续推进，财政"省直管县"对经济增长的抑制作用会不断加剧。李一花和李齐云（2014）基于山东省改革实践，指出由于改革措施并未触及政府间财权事权不匹配这一根本问题、行政改革未同步推进以及市县统筹发展未能有效协调等因素，致使改革未能有效促进县域经济增长。王婧等（2016）利用县域经济活力指数测度山西省财政"省直管县"的经济影响，并进一步使用双重差分模型进行实证分析，发现财政"省直管县"虽然有效改善了县级财力状况，但对试点县县域经济增长的影响并不显著，制度设计有待进一步完善。

三、研究综述

总体而言，随着财政"省直管县"改革的逐步深化，相关理论研究也从多角度、多层次进行了深入探讨，但目前尚未形成一致意见。本书在总结已有研究的基础上，认为仍需对以下几个问题进行深入探讨。

第一，财政"省直管县"到底能否促进县域经济增长？有必要在研究的时间跨度、广度、方法、范围、数据等方面进一步拓展，如在时间跨度上，应该进一步拉长到 10 年以上进行比较，可以更为准确观察体制调整对经济增长的影响，以及随着时间延长，带动效应的变化情况；在研究方法上，既需要注重理论研究，也要注重对改革实践的总结；既要注重数量化的实证研究，也要注重对改革县的实地调查和规范研究，从多角度探讨改革的经济增长效应。

第二，财政"省直管县"是如何促进县域经济增长的？大部分学者都会把财政"省直管县"改革的成功归结于对县级的放权，一些学者甚至把财政"省直管县"与"省直管县"改革等同。事实上，财政"省直管县"改革既不是简单的财政管理模式的变化和管理层级的压缩，也不是类似于"省直管县"在行政管理上放权，而是在财政收支、转移支付、管理体制等方面的大调整，这些政策中，到底哪些对经济增长的带动作用大，应该进行深入研究，以便为有针对性的政策调整提供支撑参考。

第三，在高质量发展的背景下，财政"省直管县"体制如何进一步调整完善？推动县域经济增长，是财政"省直管县"改革的一个重要目标。进入新时代，高质量发展成为指引经济发展的新目标，财政"省直管县"如何适应这个目标转变，进一步优化调整政策，推动县域经济高质量发展，是需要认真思考的重大问题。

➤ 第三节
研究框架与主要内容

本书主要从理论和实证两方面探究财政"省直管县"的经济增长效应，由于研究对象具有内容众多、关系复杂等特点，拟采用理论与实践相结合，理论支撑实践、实践检验理论的基本思路。理论部分遵循从一般到特殊的原则，从全面"省直管县"到财政"省直管县"，从全国到湖南省，以点带面，点面结合，全方位阐述我国财政"省直管县"改革的背景、历程、现状、成效，并以湖南省为例，解剖麻雀式地分析湖南省财政"省直管县"改革的背景、内容、成效、经验，在此基础上，利用双重差分模型（DID）实证检验财政"省直管县"改革对地区经济发展的影响效应，利用中介效应模型分析收入分权和支出分权的竞争激励影响机制。最后，分析新形势下财政"省直管县"面临的机遇与挑战，从而提出有针对性的政策建议。

基于上述研究思路，本书内容共分为七章，具体框架结构如图 1 - 1 所示。

第一章是导论。主要阐释本书问题提出的背景、研究现状与述评、研究框架与主要内容、研究方法、研究创新与不足等内容。

第二章是财政"省直管县"经济增长效应的理论基础。通过对已有文献的分析，从政府层级、财政分权和政府间关系三方面归纳财政"省直管县"实施的理论基础，结合增长极理论、制度经济学理论和新区域主义理论概括出财政"省直管县"促进区域经济增长的理论基础，在此基础上，进一步从财政收入和支出分权竞争激励分别分析财政"省直管县"促进区域经济增长的机理和实现机制。

财政"省直管县"的经济增长效应——理论与实证

第一章 导论
1. 问题的提出　　　　　　2. 研究综述
3. 研究框架与主要内容　　4. 研究方法
5. 研究创新与不足

第二章 财政"省直管县"经济增长效应的理论基础

| 1. 财政"省直管县"的理论基础 ① 政府层级理论 ② 政府间关系理论 ③ 财政分权理论 | 2. 财政"省直管县"促进区域经济增长的理论基础 ① 增长极理论 ② 制度经济学 ③ 新区域主义理论 | 3. 财政"省直管县"促进区域经济增长的机理和实现机制 ① 财政收入分权竞争激励的影响机理和路径 ② 财政支出分权竞争激励的影响机理和路径 |

第三章 我国财政"省直管县"改革的背景与实践

1. 我国财政"省直管县"改革的背景
① 从"市管县"到"省直管县"
② 省直管县改革的几种形式
③ 全面"省直管县"的难题与财政"省直管县"改革的破题

2. 我国财政"省直管县"发展的历程
① 地方自行探索阶段（2009年前）
② 中央统一部署阶段（2009~2012年）
③ 调整与完善阶段（2012年后）

3. 我国财政"省直管县"改革的成效与经验
① 我国财政"省直管县"改革的成效
② 我国财政"省直管县"改革的经验和启示

第四章 湖南省财政"省直管县"改革的内容与成效

1. 湖南省财政"省直管县"改革的背景
① 改革的必要性
② 改革的可行性

2. 湖南省财政"省直管县"改革的内容
① 改革的基本原则
② 改革的主要内容

3. 湖南省财政"省直管县"改革的成效
① 有效激发县域经济活力
② 有效增强县级保障能力
③ 有效提升基层管理水平

4. 湖南省财政"省直管县"改革的经验

第五章 财政"省直管县"经济增长效应的实证分析

| 1. 计量模型 ① 双重差分模型 ② 中介效应模型 | 2. 样本选择与数据说明 | 3. 财政"省直管县"改革对地区经济发展的影响效应检验 ① 事前平行趋势检验 ② 基准回归结果分析 ③ 异质性检验 ④ 稳健性检验 | 4. 分权竞争激励影响机制的中介效应检验 ① 收入分权竞争激励影响机制的中介效应 ② 支出分权竞争激励影响机制的中介效应 ③ 中介效应的稳健性检验 |

第六章 我国财政"省直管县"改革面临的新形势

| 1. 我国财政"省直管县"改革存在的现实问题 ① 改革红利逐渐缩小 ② 市级指导监督职责发挥不足 ③ 市县事权与支出责任划分不够完善 ④ 财政与行政管理体制不匹配 | 2. 我国财政"省直管县"改革面临的形势挑战 ① 区域经济发展模式发生重大转变 ② 财税改革重心发生转移 ③ 地方政府职能发生转变 ④ 财政运行面临新困难 | 3. 新形势下我国财政"省直管县"的重要机遇 ① 中央财政资金直达机制常态化 ② 预算管理一体化全面实施 ③ 交通运输体系现代化加快实现 ④ 放管服深入推进 |

第七章 深化财政"省直管县"改革的思路与政策建议

| 1. 深化财政"省直管县"改革的指导思想 ① 构建新发展格局 ② 建立现代财税体制 ③ 区域协调发展战略 | 2. 深化财政"省直管县"改革的主要原则 ① 因时因地制宜 ② 有利于县域经济发展 ③ 科学处理省市县关系 | 3. 深化财政"省直管县"改革的政策建议 ① 改变投资拉动型县域经济增长模式 ② 建立动态评估机制 ③ 强化市级指导监督职责 ④ 加快推进省以下财政事权和支出责任划分改革 ⑤ 加快推进收入划分改革 ⑥ 完善省以下转移支付制度 ⑦ 理顺政府债务管理与财政"省直管县"的关系 |

图1-1 研究框架

第三章是对我国财政"省直管县"改革的背景和实践的梳理。在结合理论分析的基础上，基于我国实际，从全国层面剖析财政"省直管县"实施的背景，将财政"省直管县"发展历程划分为地方自行探索、中央统一部署、调整与完善三个阶段，并分别对比我国主要省份不同阶段实行财政"省直管县"模式的特点，最后从全国层面概括出我国财政"省直管县"改革的成效和经验启示。

第四章以湖南省为样本案例，总结湖南省财政"省直管县"改革的实践。结合长期在省级财政部门从事财政改革发展政策研究的工作经验，进一步以在全国具有很强代表性的湖南省为例，详细阐述湖南省财政"省直管县"改革的背景、改革的基本原则和主要内容，并结合实地调研，从有效激发县域经济活力、增强县级保障能力、提升基层管理水平总结湖南省财政"省直管县"的主要成效，概括湖南省的主要经验启示。

第五章是财政"省直管县"经济增长效应的实证分析部分。在前述理论分析的基础上，将财政"省直管县"视为一项准自然实验，利用双重差分模型（DID）实证检验财政"省直管县"改革对地区经济发展的影响效应，并进一步利用中介效应模型分析收入分权和支出分权的竞争激励影响机制，为更加具体地提出相应对策建议奠定较好的理论基础。

第六章是分析新时代我国财政"省直管县"面临的新形势。随着国内外形势的发展变化，财政"省直管县"改革与发展将面临比过去更加复杂的环境。因此，本书首先分析我国财政"省直管县"改革存在的现实问题，其次分析我国财政"省直管县"改革面临的形势挑战，最后分析新形势下财政"省直管县"面临的重要机遇。

第七章是深化财政"省直管县"改革的思路与政策建议。本章首先指明新时期深化财政"省直管县"改革的指导思想和主要内容，提出因地因时制宜、有利于县域经济发展、科学处理省市县关系三个主要原则，并结合财政工作，实际提出改变投资拉动型县域经济增长模式、建立动态评估机制、强化市级指导监督职责、加快推进收入划分改革、完善省以下转移支付制度、理顺政府债务管理与财政"省直管县"关系等政策建议，以期推进新时期财政"省直管县"改革持续稳定高质量发展。

第四节
研究方法

理论联系实际是本书研究的主要指导原则，采用主要研究方法如下：

1. 文献归纳法

财政"省直管县"在我国实践已有较长时间，在此之前，国内外理论界更多是关于财政分权的经济增长效应探讨。在财政"省直管县"逐步实施以后，理论界开始出现各类关于财政"省直管县"背景、意义、可行性、必要性、内容、形式、影响、成效、改进等的研究，为本书研究提供了大量有益的指导。因此，本书在成文过程中，通过大量查阅相关图书、国内外期刊、网络文献、报告文献、著作文献及学位论文等资料，结合研究内容，系统梳理财政"省直管县"的经济增长效应等内容不一、观点各异的文献，并据此形成本书着重研究的观点和视角。

2. 实地调研法

习近平总书记多次强调，论文要写在中国大地上。的确，新中国成立以来中国经济增长取得的成就，堪称世界经济增长史上一大奇迹。想要科学解释这种经济现象，就必须根植于中国大地，深入基层底层，才有可能真正了解掌握核心原因。了解中国特色的省以下财政管理模式——财政"省直管县"，也必须深入县市区开展研究，进行大量的实地调研，而不是简单对一些浮在面上的数据进行分析，只有这样，才能真正了解改革设计者、改革对象对改革政策本身的真实反馈。本书研究团队从 2019 年开始，对湖南省 14 个市州，20 多个改革县，7 个省直单位，进行了大量的实地调研走访，与企业、政府部门等各个层面的相关群体进行广泛座谈，掌握了丰富的第一手素材，书中的很多案例、分析、建议、结论，实际上都来自调研掌握的素材总结。

3. 系统分析法

目前，还没有完整的关于财政"省直管县"经济效应的著作，现有研究更多的是以单篇论文形式出现，受限于篇幅等因素制约，难以对财政

"省直管县"从改革背景、改革过程、改革政策、改革效应等进行全面系统地分析。本书研究团队依托省级财政部门丰富的素材、资料、数据等优势，可以较为系统地梳理从中央到地方有关财政"省直管县"的文件、制度、政策，总结财政"省直管县"改革的背景、过程，论证改革的经济效应，提出相对应的政策建议，总体较为全面系统。

4. 实证分析法

理论层面，在沿用传统分析财政分权对经济增长影响的基础上，创新性地引入收入、支出两个维度的中介变量，把财政分权具体化为收入分权、支出分权，探讨了收入分权、支出分权财政"省直管县"影响经济增长的机理、路径，并运用主流的 DID 准自然实验分析工具，分析两个中介变量的不同经济增长效应，为更加具体化地提出相应对策建议奠定较好的理论基础。

5. 比较分析法

由于我国各省财政"省直管县"改革的时间、内容、模式等方面存在一定差异，因此本书着重运用比较分析方法，通过政策、制度梳理将市管县与"省直管县"作比较，将不同省份的财政"省直管县"模式进行比较，将全国财政"省直管县"与湖南省进行比较，总结规律，寻找差异，力求为进一步深化财政"省直管县"改革提供丰富的经验和启示。

➡ 第五节
研究创新与不足

如前所述，本书研究起源于 2019 年湖南省财政厅开展的对湖南省"省直管县"财政体制改革的调查研究，研究起源和过程极具特殊性。相对于其他学者的研究，本书有以下几个鲜明的特点。

1. 视角创新

基于实务部门实践视角。笔者长期在省级财政部门从事财政改革发展政策研究工作，曾参与一系列重大财税改革政策的设计和推进，熟悉财政业务工作内容和操作流程，又对学术研究保持浓厚兴趣，具有丰富的财政工作和政策研究经验。在本书中，从研究方法、研究过程到研究结论，都采用实务部门常用的模式和视角，在研究视角上具有一定的创新性。同时，相对于其他研究型学者的研究，本书研究团队在政策梳理、数据采集等方面都更为便利，也更加贴近于财政"省直管县"本身的出发点。

2. 方法创新

基于全面系统分析的方法。一方面，本书依托省级财政部门丰富的素材、资料、数据资源等优势，可以较为系统地梳理从中央到地方有关财政"省直管县"改革的文件、制度、政策，总结财政"省直管县"改革的背景、过程，论证改革的经济效应，提出相应的政策建议，保证内容梳理的全面系统。另一方面，本书在成书过程中，既参考大量有益的理论研究成果，又结合实际进行大量的实地调研走访，与企业、政府部门等各个层面的相关群体开展广泛座谈，掌握了丰富的第一手素材，在研究过程中尽力做到了理论与实践相结合。此外，本书广泛采用比较分析的方法，将国外财政分权与国内"省直管县"、市管县与"省直管县"、不同省份的财政"省直管县"模式、全国财政"省直管县"与湖南省进行比较，以期科学谨慎评估财政"省直管县"的经济增长效应。

3. 思路创新

基于理论与实证相结合的研究思路。理论层面，在沿用传统分析财政分权对经济增长影响的基础上，创新性地引入收入、支出两个维度的中介变量，把财政分权具体化为收入分权、支出分权，探讨收入分权、支出分权财政"省直管县"影响经济增长的机理、路径，并运用主流的 DID 准自然实验分析工具，分析两个中介变量的不同经济增长效应。实践层面，既从定性角度分析财政"省直管县"改革取得的成效，也从中央对区域经济布局调整等新的要求角度，分析财政"省直管县"面临的新形势、新要求和新问题，并相应地提出巩固财政"省直管县"成效，改进财政"省直管县"的政策建议。

当然，如序言所述，本书也还存在一些不足和局限，如受限于数据获取难度、各省改革模式不一致等原因，实证部分仅基于湖南等个别省份，受限于保密性等原因，对理论和实践界都较为关注的政府债务膨胀问题，虽然在调查研究中对财政"省直管县"之于政府债务的影响进行了初步分析和探讨，但在书中进行了省略。同时，受限于精力和资源，也可能存在文献综述不够全、政策梳理不够准、理论分析不够深、实证分析存在偏差、政策建议不能适用于不同省份等局限，都需要在下一步研究中继续探讨。

第二章

财政"省直管县"经济增长
效应的理论基础

本章主要从三个方面阐述财政"省直管县"经济增长效应的理论基础：一是财政"省直管县"的理论基础，包括政府层级理论、政府间关系理论、财政分权理论等；二是财政"省直管县"促进经济增长的理论基础，主要从经典理论范畴，阐述财政"省直管县"作为一种财政管理模式和制度安排，为何能够促进经济增长；三是财政"省直管县"经济增长效应的传导机制，也就是财政"省直管县"通过什么样的渠道推动区域经济增长。

➡ 第一节
财政"省直管县"的理论基础

财政"省直管县"改革，涉及公共产品的分层供给及行政辖区最优规模的确定，涉及财政体制改革，牵扯多行业、多主体的利益，关系错综复杂。本部分试图通过政治学、行政学及经济学的相关理论从体制改革的层面上对"省直管县"改革进行分析。具体来说，主要包括政府层级理论、政府间关系理论和财政分权理论。

一、政府层级理论

政府层级理论包括管理幅度和管理层次。其中，管理幅度是指上级政府有效监督、管理下级政府的数量；管理层次则是指从最高层政府（中央政府或联邦政府）到基层地方政府的层次数量。一般来讲，管理层次越多，管理幅度越小，二者呈反比关系，但管理层次既不是越多越好，也不是越少越好。管理层次过多，会导致管理成本提高、信息传递失真、层次沟通困难等；反之，则可能导致上级政府管理责任过重，下级政府缺乏有效监管，出现寻租行为。因此，要客观把握管理幅度与管理层次的关系，在二者之间寻求一个"既管得住，又管得好"的平衡点。

法国管理学家亨利·法约尔（Henri Fayol）认为："合理的等级结构是保持组织控制力和提高管理效率的重要法宝。"这被视为政府层级理论的思想起源。在此基础上，层级理论在政府组织中不断完善和发展。20 世纪 70 年代，兴起一股以批判官僚制为基础的"新公共管理"思潮，重点讨论了两个核心问题：效率和责任。正如安东尼·唐斯（Anthony Towns）指出，官僚制层级数目越多，履职成本越高。在此背景下，构建横向紧缩型"扁平化"组织成为各国政治体制改革的大势所趋。所谓"扁平化"就是尽可能地减少政府纵向之间的管理层级，保证上级政府的决策可以有效延伸至基层政府，提高政府管理效率。

长期以来，我国形成了"多层级、窄幅度"的金字塔式行政层级结构，这主要是为了保证政府行政层级与其行政职能相匹配。改革开放前，行政层级设置主要是政治考量，其目的是为了保证中央对地方的有效管理；改革开放后，工作重心转移到经济建设上来，形成的"市管县"体制也是为了更好发展区域经济；当前，建设人民满意的服务型政府成为政府建设的主要目标，这对政府职能的转变提出新的要求，即要建立"有限且有效"的政府。同时，现代信息技术的发展使信息的收集、汇总、分析等更加可靠，上级政府也可以更加及时准确地获得全面系统的信息，并第一时间把信息传递到各个政府层级，从而为政府层级结构的

"扁平化"创造了条件。因此,减少行政层次、提高行政效率成为政府层级动态调整的大势所趋。财政"省直管县"改革,就是变"省—市—县—乡(镇)"四级地方政府层级为"省—市、县—乡(镇)"三级设置,适应组织结构"扁平化"的要求。此外,正如刘素姣(2020)指出,实行省对县的直接管理,不仅提高了县级政府贯彻上级决策与指示的准确性和效率,也提高了县级政府的地位。当然,行政层级的设置并不是越少越好,我国各省域面积、辖县数量、经济条件、交通设施等存在差别,各地政府管理幅度和能力存在差异,层级过少会降低治理效率,"省直管县"改革应该分类推进。

二、政府间关系理论

"政府间关系"理论起源于美国联邦制下的政府间运作实践,指不同层级政府之间的关系网络,包括中央与地方关系,地方政府间的纵向和横向关系,以及政府内部各部门间的权力分工关系。

20世纪30年代,美国学者威廉·安德森(William Anderson)在研究公职人员在经济大萧条的行为及人际关系时最早提出"政府间关系"概念。早期对政府间关系的认识和理解基本等同于联邦主义,即不同政府部门之间建立的一系列金融、法律、政治和行政关系,这一时期学界主要关注央地关系。80年代后,对政府间关系的研究拓展到政府间竞争、妥协、协调与合作的方方面面,政府间关系成为纵横交织的治理网络的一个重要组成部分。

我国政府间关系包括中央到地方的纵向关系,以及地方政府部门间的横向关系,其中,纵向关系主要是政治关系,横向关系主要是经济关系。林尚立(1998)的《国内政府间关系》对我国政府间关系的发展历史、主要模式、现状和方向进行了系统阐述,奠定了国内政府间关系研究的理论基础。之后,越来越多的国内学者开始从各个角度对这一理论进行深入探讨。周雪光(2011)认为中国政府间关系的特征和地方治理的形态内生于中央统辖权和地方治理权之间矛盾的不断博弈过程;周黎安(2008)则用

"行政发包制"和"政治锦标赛"理论阐释了我国政府间关系和地方治理特征。

我国财政"省直管县"改革的目的之一就是通过重塑地方政府间的财政关系来推动经济增长。在改革已经进入深水区,如何利用"行政发包制"和"政治锦标赛"优化官员激励模式,以此作为内生动力推动财政"省直管县"改革进一步深化,实现地方治理方式转型,避免出现经济发展中的地方保护主义,是财政"省直管县"改革制度设计的应有之义。

三、财政分权理论

财政分权是指中央政府赋予地方政府在债务安排、税收管理和预算执行方面的自主权。1956 年,蒂布特(Tiebout)提出了"用脚投票"理论,认为该方式有利提升于公共产品供给效率,被视为财政分权理论研究的起点。财政分权理论的发展经历了两个阶段:第一代财政分权理论以蒂布特(Tibeout)、哈耶克(Hayek)、马斯格雷夫(Musgrave)、奥茨(Oates)为代表。其核心观点是,中央政府提供公共产品时,没有充分考虑居民的偏好和地区差异性,导致全社会的帕累托最优难以实现。相较而言,低层级政府,尤其是县乡级政府更容易了解微观经济主体的利益和诉求,由它们提供公共品,具有更高的效率。因此,如果赋予基层更大的资源配置权,往往会强化对政府行为的预算约束,即强调地方政府竞争机制的作用。第二代财政分权理论起源于 20 世纪 90 年代,认为政府本身就具有一定的激励机制,可以通过财政分权机制实现社会福利最大化进而推动经济增长。

从我国实践来看,"减税让利"的税制改革拉开了改革开放的序幕。1994 年,我国进一步建立了分税制的财政分权体制,《中共中央关于完善社会主义市场经济体制若干问题的决定》指出,"统一税政前提下,赋予地方适当的税政管理"。财政"省直管县"改革更是财政分权理论在我国财政体制中的现实应用。我国"省直管县"改革本质上是通过在财政收支划分、转移支付、预决算管理、年终决算等方面建立省与县的直接联系,减少财政管理层级，赋予地方更多的资源配置权，进而达到缓解县乡财政困难的目的（谭之博等，2015），"省直管县"改革在当时背景下提出，对绝大部分市县精简层级、提高管理效率、促进县域经济起到了一定作用，但也存在一些缺陷和不足，主要体现在以下几个方面。

第一，缺乏分权的法治约束。我国的"省直管县"体制改革实质上是省级政府主导的自发性政府分权改革，放什么权？放多少权？地方都较为被动。分权的主观随意性大，缺乏制度性保障，导致放权过程中出现了"放虚不放实"等现象（刘素姣，2020）。另外，由于缺乏法律明确各级地方政府的权力边界和内容，"省直管县"的实施使得县级政府难以界定本级事权和支出责任，在具体施政过程中束手束脚。

第二，财权与事权不匹配。当前，县域经济仍是我国经济发展的重点，县级政是连接城市和农村的关键，既要履行贯彻上级决策与命令的职能，又要承担发展县域经济、提供县域公共物品与社会服务的义务。在过去"市管县"的体制下，大部分市级政府自身资源、能力有限，很难有所发展，甚至部分地区出现"市刮县""市挤县"的现象，使县级政府财权与事权的不匹配更加突出，县域经济发展缓慢，基层财政困难也难以解决。财政由"市管县"到"省直管县"，事实上通过财政分权改变了市县之间财政资源分配的既定格局，使县级有了更多的财政自主权。但从实践经验来看，我国"省直管县"改革还需进一步推进事权与支出责任划分改革，保障地方政府间分权体制财权与事权相匹配。

➡ 第二节
财政"省直管县"促进区域经济增长的理论基础

实现经济长期可持续增长，是世界各国追求的共同目标。从供给端视角，经济增长主要取决于劳动力、资本、技术；从需求端视角，经济增长主要取决于投资、消费、出口。财政"省直管县"改革作为一种制度安排和外生变量，也是通过供给端、需求端的主要因素影响地方区域经济的增长。

一、增长极理论与财政"省直管县"

起初，增长极理论主要运用于空间地理学，1950 年由法国经济学家佩鲁（Perroux）首次提出，随后改理论逐步被引入区域经济研究中，用于描述区域经济中的非均衡发展。其核心思想在于指出非均衡性是经济增长的必然，一个国家或地区不可能实现全面均衡增长，通常是选择优势产业作为优先发展的"增长极"，"增长极"会在"极化效应"下高速发展，并通过连锁效应、乘数效应逐步向其他产业或地区传导扩散。因此，要优先选择有产业经济基础的区域或优势产业作为增长极，以点带面，带动区域经济发展。

诸多国家在增长极理论的指导下进行实践，然而结果却并不理想，不少地区的集中优先发展模式，仅仅只让少数地区或产业"先富起来"，却没有做到"先富带后富"，甚至拉大了与发达地区的差距。究其原因，还是因为该理论存在局限：一方面，周边区域大量劳动力、资本、技术等要素不断向"增长极"聚集，但"扩散效应"仅在部分有基础的地区出现，多数地区的发展受到限制。同时，市场的作用进一步扩大了这一差距，导致"强者愈强，弱者愈弱"。此外，"增长极"建设需要大量配套的生活服务设施和基础设施，如果缺乏资金的长期注入，那么"增长极"对要素的吸引力也会大打折扣。另一方面，优先发展产业多为技术密集型产业，更多需要高端劳动力，就业带动能力较差。同时，优先发展产业与其他产业之间的壁垒也会不断拉大，产业之间难以做到有效扩散，最终容易陷入依赖单一产业难以转型的路径锁定。

改革开放以来，依托于"市管县"的行政体制，出现了大量的中心城市，成为各自区域经济发展的重要"增长极"。出于本级利益的考虑，部分地级市更加强调市区经济发展，甚至利用政治权力不断控制县域资源，限制了县域经济发展。基于这一原因，我国开始推行财政"省直管县"改革，通过提升县级财政实力，在县一级培育新的"增长极"，从而带动县域经济发展。当然，在这一过程也要因时因地制宜，注重培育配套产业；不断优化投资环境；充分发挥政府引导作用，实现资源和要素自由流动。

二、制度经济学与财政"省直管县"

制度经济学是研究制度与经济行为、经济发展间的相互作用。制度经济学研究源于凡勃仑（Veblen）的《有闲阶级论》，并通过科斯（Ronald Coase）的《企业的性质》为世人所熟知。科斯将交易成本这一概念引入经济学分析中，指出企业和市场在经济交往中的不同作用。舒尔茨（Schultz）进一步指出，制度是管束人们行为的一系列规则。制度主要有以下几个特点：首先，制度选择存在"机会成本"，选择一种制度就势必要放弃另一种制度。其次，制度的功能存在"边际效用递减"规律，制度长期不发生变化，其利也会逐渐变为弊。另外，随着时间和环境的变化，制度的创新和演变无处不在，当旧制度出现"制度不适应"时，新制度随之产生并替代旧制度是发展的客观规律，也是不可阻遏的趋势。

从我国实践来看，新中国成立到改革开放初期实行的"市管县"财政体制，在某些地区表现出越来越多的弊端，财政"省直管县"改革逐渐进入大众视野。一些新制度经济学家认为，中国是一个长期集权且由政府主导的国家，只有政府积极制度创新、打破原有旧体制，才能促进区域经济社会不断发展。因此，"省直管县"体制改革作为一种制度创新是一项必然选择，其目标就是通过减少政府层级，提高财政资金效率，推动县域经济的发展。首先，当前制度下权力下放不够，自主发展空间不足，县域经济发展缺乏活力，因此，从制度经济学视角来看，突破"市管县"体制，激发体制活力是区域经济发展的内在要求。其次，城市化已经成为城乡一体化的必然要求，实行"省直管县"有利于缩小城乡差距，统筹城乡发展。此外，随着市场经济逐步发展，对资金使用效率也有越来越高的要求。

我国幅员辽阔，人口众多，各地经济发展状况也不尽相同，因此，推进财政体制改革需要因时因地制宜。财政"省直管县"改革，是省直接把转移支付、资金调度等经济权限"下放"到县，可以让地方政府拥有较大的财政资金配置权，有利于满足微观主体在制度非均衡条件下寻求最大化利益的诉求。

三、新区域主义理论与财政"省直管县"

20世纪90年代，在全球化和分权化背景下，传统区域主义的"政府失灵"和公共选择理论的"市场失灵"都不能有效解决这一问题。新区域主义是在反思传统区域主义理论局限性的基础上，融合公共选择理论的有益成分形成的区域治理新思潮。该理论尝试突破国家干预和市场调节的两难选择，企图通过国家、市场和公民在公共事务中的多主体互动模式，形成区域中不同层次、不同水平的分工协作，组建成立新的区域联盟。这种联盟思想以自愿、信任和相互依赖为利益基础，与区域经济一体化发展的思想具有一致性，主要包括区域联盟、政府联席会、大都市规划、精明增长和税基分享等。

20世纪80年代，为实现促进县域经济发展，强化市级管辖能力，企图通过以市级作为增长极带动落后地区的发展，将85%的县划归市管，从而形成了我国的"市管县"的体制。在当时背景下，"市管县"体制对绝大部分区域的经济产业布局、基础设施建设和社会发展发挥了重要作用。但随着市场经济不断发展，市级"雁过拔毛"现象愈加严重，一定程度上阻碍了县域经济的发展，导致县域的权小责大、事多财少等问题。因此，改变市、县区域关系的"省直管县"试点改革在诸多省份展开。借由财政"省直管县"改革，可以有利于解决传统体制下"蜂窝状"行政区经济导致的地方政府竞争激烈、地方保护性政策频出、区域资源流动严重受阻等问题，通过省级统筹规划指导，避免出现要素市场分割、产业结构趋同、企业竞争寻租等问题，推动区域经济一体化发展。

➡️ 第三节
财政"省直管县"促进区域经济增长的机理和实现机制

财政"省直管县"改革重新划分"省—市—县"的财政收支决策权，强化县级政府的分权程度，本质上属于财政分权改革（贾俊雪等，2013；

王小龙和方金金，2015；李广众和贾凡胜，2020）。从改革实践看，财政"省直管县"改革通过改变地级市对县级财力的控制及下放部分自主权等，形成对县级政府的收入分权竞争激励和支出分权竞争激励，从而影响地方区域经济发展。本部分将从收入和支出两类分权竞争激励视角出发，结合地方政府行为动机构建一个理论分析框架，剖析财政"省直管县"改革对地区经济发展的影响及逻辑机理。

一、财政收入分权竞争激励的影响机理和路径

财政"省直管县"改革通过重新划分省、市、县收入，减少了地级市对县级财力的攫取。以湖南省为例，2010 年湖南省印发《关于完善财政体制推行"直管县"改革的通知》，在收入划分上，一方面，重新划分收入范围，由按"企业行政隶属关系"改为按"税种"划分，增值税、企业所得税、个人所得税等主要税种实行省与市县按统一比例分享，土地增值税、城镇土地使用税、契税等其他税种划为市县固定收入，非税收入除省市县固定收入外其他实行分别分享，省级财政让渡部分收入，如金融业增值税由省级独享改为省市县共享；另一方面，重新划分收入比例，市不再分享所属县收入和新增集中县财力。上述两个方面使直管县在地方收入中的占比提高。同时，省对下转移支付由省到市、市到县改为直接计算分配下达到市、县，避免市级政府截留财政拨款，改变了长期以来存在的财政"市刮县"和"漏斗财政"现象。因此，财政"省直管县"改革通过增加县级收入分成比例，提高了县级层面收入分权水平。

进一步研究收入分权竞争激励影响地区经济发展的路径，改革提高了县级财政税收分成比例，增强了县级政府在本地经济增长中的获益程度，进而强化县级政府通过竞争行为发展当地经济的动机。同时，转移支付直接拨付到县也有利于缓解县级政府财政压力，引导地方政府有更多财力参与到同级政府间以经济增长为导向的税收竞争中来，从而降低企业成本并吸引制造业相关生产要素流入，加速本地区经济增长（郑新业等，2011）。具体来看，尽管我国地方政府缺乏独立的税收自主权而

无法自行设置税种和税率，但是，我国现行税收制度在执行税法规定方面赋予了地方政府较大的自由裁量权（陈德球等，2016），因而在财政压力缓解的背景下，地方政府虽不能决定名义税率，但却能通过降低税收执法程度（如主动放松税收稽查及税收审计力度）或者通过先征后返等途径降低企业实际税率并开展实际意义上的税收竞争（范子英和田彬彬，2013；王小龙和方金金，2015；吕冰洋等，2016）。这种税收竞争能够对企业的区位选择产生重要影响，同时能降低地方税源重点企业的成本，通过提升重点企业利润率和规模扩张来带动经济增长（刘冲等，2014；Han & Kung，2015）。

但需要特别注意的是，上述收入分权竞争激励作用的前提是财政"省直管县"改革能够有效提升县级政府可支配财力进而缓解财政压力。刘勇政等（2019）基于全面县级面板数据，量化财政"省直管县"改革对于地方政府自给能力的影响，研究结果表明，由于转移支付是一种公共池资源，改革中的转移支付规模增加可能会使地方政府产生预算软约束等道德风险问题和成本转嫁行为，同时当地方政府更依赖转移支付时，将会导致地方政府缺乏发展本地自有财源的积极性，因此，改革没有起到增强县级政府自有财力水平的作用，反而一定程度上致使县级政府的财政状况恶化。显然，如果改革后县级政府仍然面临较大的收入增长不确定性和财政压力，那么县级政府开展税收竞争的动机也将大大降低，也不会轻易选择通过低税负竞争来吸引生产要素流入本辖区（马光荣和李力行，2012）。因此，财政"省直管县"改革通过以收入分权竞争激励为中介机制来促进本地区经济发展的影响效果还有待于进一步明确。

二、财政支出分权竞争激励的影响机理和路径

从政府资金管理的角度来看，财政"省直管县"改革将建设项目、国库调度资金及债务收入等资金的管理和监督权从市级政府上移到省级政府，形成政府资金管理的扁平化结构。以湖南省为例，2010年实行财政"省直管县"后，省级项目无须通过市级再分配、再调剂，而是直接安排

分配到县,并且向县级下放部分审批权限。与此同时,国库资金调度和债务管理也直接到县,省财政直接确定各县的国库资金留解比例和资金调度,新增债务也由县财政直接向省财政办理有关手续并还款。在上述这种政府资金管理的扁平化结构下,由于受制于省域辽阔和所辖县众多,政策协调难度加大和信息不对称,省级政府很难对上述县级政府资金进行有效监督(贾俊雪和宁静,2015),从而弱化对县级政府运用资金开展自主投融资活动的约束。与此同时,财政省直管县改革通常与经济社会管理权限扩大同步(郑新业等,2011;王立勇和高玉胭,2018),配合把一些原属于地级市的项目直接申报、建设项目管理、土地直接审批、政策直接享有等经济社会管理权限直接下放给县级政府,导致县级政府在自主投融资权限方面都有明显扩大,最终加强县级政府在投资方面的支出自主权。

进一步梳理支出分权竞争激励影响地区经济发展的路径,可以发现,支出分权后,县级政府的支出能力和自主权都得到显著增强,原来需要通过市级向省级申报的项目,变成可以直接向省级申报,减少了市级初审、统筹的环节,这使县级获得的省级项目及自主开展的项目都明显增加,如通过土地担保或者地方融资平台贷款等方式来开展项目举债融资,或者利用资金调度直接到县后国库资金较以往更加充裕,通过国库暂付款或暂存应付款等国库资金调度形式来为项目融资,最终表现为固定资产投资的快速增长,导致形成了本地区主要依赖固定资产投资拉动经济增长的粗放型发展模式。此外,考虑县级政府能直接获得基础设施建设、产业政策、项目审批及土地出让等对辖区内企业绩效有决定性影响的经济社会管理权限,上述这些权限的扩大优化了"省直管县"的投资环境,有利于本辖区已有企业的扩张和招商引资(袁渊和左翔,2011)。

总体来看,财政"省直管县"改革通过支出分权,增加辖区内固定资产投资规模,进而强化以获取项目、为项目提供融资资金支持及招商引资为主要表现的投资竞争,起到了有利于资本形成促进本地区经济发展的作用。但需要特别注意的是,当这种投资竞争来源于利用招商引资将资本和企业从其他辖区向本辖区转移,那么当改革在未来覆盖所有辖区时,这种经济活动空间再配置效应也会逐渐消失(郑新业等,2011)。同时,这种通过拉动固定资产投资来促进经济发展的粗放型发展模式,并没有从本质上提升企业的生产率和资源配置效率(刘冲等,2014),从长期来看,经济发展的促进效应也会逐步减弱。因此,财政"省直管县"改革通过支出分权竞争激励为中介机制来促进本地区经济发展的影响效果也在不断变化。现将收入和支出分权竞争激励的主要传导机制总结如图2-1所示。

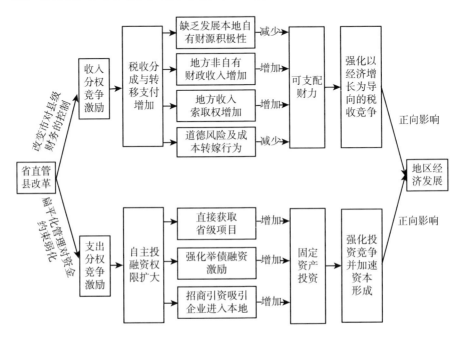

图2-1 收入分权竞争激励和支出分权竞争激励对地区经济发展的影响机理

综上所述,本节提出如下理论判断:财政"省直管县"改革通过强化收入分权和支出分权两类竞争激励,进而影响地区经济发展。但两类分权竞争激励产生的影响效果都明显不同,其中,在收入分权竞争激励方面,主要是以提升县级政府可支配财力为中介,通过强化以经济增长为导向的税收竞争来对地区经济发展产生正向影响,但影响的具体效果取决于是否切实提升了可支配财力。在支出分权竞争激励方面,主要是以加大辖区内固定资产投资为中介,通过强化投资竞争并加速资本形成来对地区经济发展产生正向影响,但影响的具体效果取决于拉动投资对于经济发展的长期作用。

➡ 第四节
本章小结

财政"省直管县"改革涉及政治学、行政学及经济学等多个学科领域。首先，本章试图从理论层面出发，利用政府层级、政府间关系和财政分权三种理论对"省直管县"改革提出背景和实践中遇到的问题进行解读与分析。其次，从供给端与需求端视角，聚焦劳动、资本、技术、投资、消费、出口等因素系统阐述"省直管县"改革是作用于经济增长的理论基础，主要涉及增长极理论、制度经济学理论与新区域主义理论等。最后，进一步分析"省直管县"改革促进地区经济增长的机理和实现机制。具体来看，财政"省直管县"改革主要通过收入分权和支出分权两类竞争激励影响地区经济发展。从收入分权竞争激励看，"省直管县"改革后，县级税收分成和转移支付增加—可支配财力增加—税收竞争加强—促进地区经济发展。从支出分权竞争激励来看，县域投融资权限扩大—地方获取项目和融资能力增强—固定资产投资增加—投资竞争加强、资本形成加速—促进地区经济发展。

第三章

我国财政"省直管县"改革的背景与实践

→ **第一节**
我国财政"省直管县"改革的背景

一、从"市管县"到"省直管县"

从历史的视角看，我国行政区域划分和管理体制历经多次大的调整，但自秦朝实行郡县制开始，不论是在什么时代，县作为最重要的基层单位，一直保持相对完整。新中国成立初期，我国实行"中央—大区—省—（地区）—县"行政管理体制。1953 年，中央把全国划分为东北、华中、中南、西北、西南、华北 6 大行政区，下辖 30 个省、1 个自治区、14 个直辖市、1 个地方、1 个地区，其中地区行政公署是省政府的派出机构，并不属于正式一级行政区划。1954 年，为了提高行政效率，节约管理成本，中央决定撤销"大区"一级行政机构，但仍保留"地区"的设置。1958 年，中央在北京、上海、天津三个直辖市和辽宁省试行"市管县"改革，并逐步拓展到部分经济较为发达的地区。1959 年 9 月，全国人民代表大会常务委员会通过《关于直辖市和较大的市可以领导县、自治县的决定》，提出为了适应我国社会主义建设事业的迅速发展，特别是工农业生产的"大跃进"和农村的人民公社化，密切城市和农村的经济关系，促进工农业的相互支援，便利劳动力的调配，决定直辖市和较大的市可以领导县、自治县，以法律形式确定了"市管县"的合法性。1982 年，为了缩小城乡收入差距，促进城乡一体化发展，中央决定在江苏省试点，实行"市管县"行政体制。1983 年"市管县"在全国试行，自此我国建立起"中央—省—市—县—乡镇"五级政府层级结构，并基本沿用至今。

由此可以看出，"市管县"并非天然产生的，而是适应形势变化产生的一种管理体制。实行"市管县"体制有其必要性和科学性：一是有利于加强行政管理。中国区域面积广阔，中央政府加强地方管理，历来都是难题。在交通不便利、信息不通畅、科技不发达的时期，多设行政层级，无疑有利于加强行政管控，确保政权内部稳定。事实上，在没有设置市级行政管理机构的时候，省委省政府派驻地区行署，实质上也履行市级职权。二是有利于提高行政管理效率。受管理半径过大、行政管理官员能力水平及职数限制，在不具备条件时，实行省直管县往往力不从心，容易导致管理虚化，市管县缩小了行政管理区划，可以使行政官员更加易于掌握当地经济社会发展情况，有针对性地采取措施促进地方经济社会发展，提高行政效能。三是有利于促进市级中心城市发展。由于市级中心城区一定程度上集中了全市的政治、经济、金融、人才等各种资源，其经济增长速度、基础设施条件、社会发展水平都显著高于非中心城区县，为加快城市现代化奠定了基础。四是有利于推进城镇化。中心城区以及城市的发展，伴随着工业化进程，大大推动了产业、企业聚集，特别是园区的设立，更加带来了大量的用工需要，为农村向城市转移劳动力，促进城镇化起到了巨大的带动作用。按照常住人口计算，中国的城镇化率从 1982 年全面推进市管县体制时的 21.13% 增长到 2020 年的 63.89%，上升 42.76 个百分点，相当于 7 亿多农民从农村走向城市，实现市民化[①]，这其中"市管县"发挥了重要的推动作用。

当然，市管县体制在取得显著效果的同时，随着时间的推移，其弊端也逐渐显现出来。一是"市管县"体制的带动效应没有预期明显。市管县

---

① 笔者根据 2021 年全国第七次人口普查数据计算。

的一个重要初衷是以市级城市为中心，形成区域增长极，辐射带动所辖县经济社会发展。然而，多数市级市由于自身经济发展水平有限，只能优先保障城市建设及市本级发展，不仅没有有效带动所辖县经济发展，还攫取了基层大量资源，导致市县之间差距越来越大（张占斌，2009；申学峰，2018）。二是县级财政运转十分困难。"市管县"体制实行本应通过市级财力优势帮助落后县发展，缓解基层财政压力，可市级将支出责任层层下放至县乡，县级财力不断上移至市，"市刮县""市压县"现象屡见不鲜，县乡财政压力反而加重。三是行政机构膨胀。我国幅员辽阔，省级政府管辖范围过大，增添市级政府可以相对减小管理幅度，提高行政效率，但实际情况则是，我国"市"级管理层级和机构设置未考虑管理半径、管理人口多少，各种机构基本一致，大量增加机构和编制，虽然历经多次机构改革和精减人员，但事实上是越减越多，养人现象严重，客观上导致了行政效率的降低，增加了行政成本和财政负担。四是一定程度阻碍市场经济发展。市场经济要求简政放权，减少对市场的干预，但市级层级的设置，以及各种管理机构，增加了大量的审批、管理环节，在市场经济发展初期，企业办事难、负担重的问题普遍存在。

随着"市管县"体制弊端的逐渐显现，不管是理论界还是实践界，推动市管县行政管理体制改革，实现由市管县到"省直管县"转变的呼声越来越高，并逐渐引起了中央的重视。相对于"市管县"，"省直管县"体制有其显著优势。

一是提高县级的资源可得性。"市管县"体制的初衷是希望经济发展较快的地级市通过辐射带动周围县域经济的发展，但在实际中，地级市往往更加重视市本级的发展建设，将更多资源留在市本级及所辖区，形成财政收入、人才等资源向地级市集中的现象。相比较而言，"省直管县"体制赋予县级政府更大管理权限，部分决策无须地级市批准，部分县甚至不再需要向地级市上缴财政收入，解决"市刮县、市吃县、市卡县"问题，避免地级市对县级资源的调剂，有助于县域经济快速发展。

二是推动管理层级扁平化。"省管市，市管县"体制下，省级出台的政策需要先传达到地级市，再由地级市部署安排到县，拉长了信息传导的链条，降低了行政效率。实行"省直管县"后，省级政府的政策和资金直接到达县，提高了行政和资金运转效率。

三是增强县级的独立性和自主性。"市管县"体制下，县需要接受所在地级市的领导，尽管发展、规划等比市辖区独立，但仍然受到地级市约束。对于经济较强、资源禀赋较好的县而言，地级市的整体规划可能并不适合其发展，"市管县"非但起不到带动作用，反而在一定程度上对县形成拖累。实行"省直管县"后，由于财政、经济等不再受地级市约束，强县可以根据自身特点安排发展路径，有助于激发其发展的内生动力。

二、"省直管县"改革的几种形式

扩权强县成为从"市管县"到"省直管县"改革的一个引子和总突破口，各省份结合自身实际，纷纷推进各种形式的"省直管县"改革。"省直管县"之前，我国地方政府的财政、经济等管理体制附属于行政体制，行政关系决定财政、经济关系。"省直管县"后，财政、经济、行政等不同条线的管理体制开始脱钩。目前，我国"省直管县"可以分为三大领域，即"财政省直管县""经济省直管县""行政省直管县"，其中，经济省直管县又包括"强县扩权"和"扩权强县"。实践过程中，几种模式并不互相排斥，而是相互兼容的，有的省份可以同时推进多个领域"省直管县"，推进的顺序也没有固定模式，部分省份先推进财政省直管再推进经济省直管，而有的省份则财政、经济、行政同步推进。

（一）县财政省直管

县级财政与地级市财政脱钩，直接与省级财政对接。省级财政在收支范围划定、预决算管理、转移支付、资金调度、财政结算、政府债务等方面对县级财政进行直接安排。省直管后，县级政府在财政方面与地级市政府享有基本相同的权限。目前，我国除西藏外，其余30个省份均已或多或少进行了"县财政省直管"体制改革，具体内容后面将介绍。

（二）县经济省直管

赋予县级政府与地级市政府同等或基本同等的经济、社会管理权限，主要涉及计划上报、项目申报、用地报批、资质认证、价格管理、统计监测等，部分地方还包括财政管理权限。一般来说，实行经济省直管的县，原需经市审批或管理的经济事项，县可自行审批、管理，报市备案；原需经市审核、报省审批的事项，县可直接报省审批，报市备案。目前，我国除青海、贵州、甘肃、西藏等省份外，其他27个省份已经开展试点，部分省份甚至在全域范围内推行。

在经济省直管过程中，根据改革推进的试点范围，可分为强县扩权和扩权强县，二者在内容上没有实质性区别，核心不同点在改革试点的选择和改革目的。"强县扩权"是单点突破，通常出现在经济省直管县改革早期，各省选择省内个别经济实力较强、发展空间较大的县，通过扩大其经济社会管理权限，进一步促进其经济发展。"扩权强县"是由点及面，通常强县扩权试点成功后，各省在更大范围推广扩权模式，部分省份最终推向全省所有县，以期通过扩权的方式促进县域经济发展。实际工作中，有些省份在文件中使用的是"扩权强县"，但仍然是挑选经济强县先行试点，实质上是"强县扩权"。这里介绍几个具有代表性的扩权强县省份。

1. 浙江省

浙江省于1992年启动扩权强县改革。2002年，中共浙江省委办公厅、浙江省人民政府办公厅下发《关于扩大部分县（市）经济管理权限的通知》，进一步扩大范围和权限。区域范围包括绍兴、温岭、慈溪、诸暨、余姚、乐清、瑞安、上虞、义乌、海宁、桐乡、富阳、东阳、平湖、玉环、临安、嘉善等17个县（市）；杭州市萧山区、余杭区，宁波市鄞州区等参照执行；慈溪市、余姚市、鄞州区扩权的范围和内容，由宁波市委、市政府按通知精神制定具体实施办法。主要原则是"能放都放"，即除国家法律、法规有明确规定的以外，目前须经市审批或由市管理的，由扩权县（市）自行审批、管理，报市备案；须经市审核、报省审批的，由扩权县（市）直接报省审批，报市备案。对国务院有关部（委、办）文件规定、须经市审核、审批的事项，采取省、市政府委托、授权、机构延伸或争取国家有关部（委、办）支持等办法放权。市级保留的审批、审核事项，须报省审批制度改革办公室核准。

2. 陕西省

2007 年 7 月 12 日，陕西省人民政府下发《关于扩大部分县（市）经济管理权限的决定》，实施范围为户县、高陵县、岐山县、凤翔县、兴平市、三原县、神木县、靖边县、吴起县、志丹县、韩城市、华县、旬阳县、南郑县、柞水县等 15 个县（市）。主要内容包括以下几个方面。

（1）计划和统计管理。国民经济和社会发展中长期规划、专项规划、年度计划及各业务部门的专业计划，经与所在设区市衔接后，直接上报省级有关部门。省级有关部门在下达生产、投资和社会事业等各类计划时，将扩权县（市）的有关指标在所在设区市名下单列下达。在符合国家法律法规和保证区域统计完整的前提下，扩权县（市）直接向省级有关部门上报统计数据，同时抄报设区市有关部门。省级有关部门汇总和发布统计资料时，扩权县（市）的有关统计数据单独列出。

（2）项目管理。扩权县（市）能够自行平衡建设条件的政府投资项目（不含党政机关和事业单位办公楼及培训中心），由该县（市）投资主管部门按照基本建设程序自行审批。按规定属于国家和省投资主管部门审批的政府投资项目，由扩权县（市）向省投资主管部门直接申报，同时抄报所在设区市投资主管部门。扩权县（市）享有设区市的项目核准和备案权限。由省投资主管部门核准或备案及需转报国家核准的项目，扩权县（市）投资主管部门初审后直接上报省投资主管部门，同时抄报所在设区市投资主管部门。房地产开发投资项目，无论投资规模大小，均在扩权县（市）投资主管部门备案。扩权县（市）将自行核准、备案项目文件抄报省及所在设区市投资主管部门。扩权县（市）申请借用国际金融组织和外国政府贷款建设的项目，直接向省级有关部门申请办理备选项目审批、核准或备案及资金申请报告等手续，同时抄报所在设区市主管部门。扩权县（市）投资主管部门自行审批、核准和备案的项目，涉及建设用地和城市规划的，由同级国土资源、城市规划主管部门出具用地预审意见、建设项目选址意见书。扩权县（市）环境保护主管部门比照所在设区市权限出具环境评价文件。

（3）资金管理。在保持现行财政管理体制不变的前提下，扩权县（市）的一般性转移支付、工资性转移支付、激励约束性转移支付以及审核确定到项目的专项补助等财政补助资金，由省财政直接安排到扩权县（市）。扩权县（市）按规定应享有的通过基金和收费等渠道安排的补助资金及能核定到县的各类专项事业费、交通规费、预算外返还资金、福利救济资金、科技计划项目经费，由省级有关部门审定、划拨到扩权县（市）。扩权县（市）申请国家或省级预算内专项资金、国债资金、专项补助资金等各类建设资金时，按照规定的程序和要求上报省级有关部门，同时抄报所在设区市有关部门。对于要求设区市财政落实配套资金的项目，扩权县（市）需报经所在设区市有关部门审核同意后，再上报省级有关部门。

（4）税收管理。扩权县（市）比照设区市税务部门的审批权限直接办理税收减免、税收优惠政策、财产损失处理及其他需要税务部门审批的事项，同时抄报省及所在设区市税务部门。省级有关部门可直接对扩权县（市）下达税收计划，实施重点税源监控和征管质量考核。对符合国家产业政策的企业投资项目、外商投资项目及国际金融组织和外国政府贷款项目，需办理项目购置设备免征关税、进口环节增值税、国产设备增值税退税和国产设备投资抵免企业所得税确认书时，由扩权县（市）投资主管部门按照有关规定，报省投资主管部门办理或转报国家办理，同时抄报所在设区市投资主管部门。

（5）用地和矿权管理。扩权县（市）区域内建设项目规划选址、用地预审、土地征收、林地占用、规划范围内的集体建设用地和农用地转用等，由扩权县（市）政府审核后向省政府有关部门申报并抄送所在设区市相关部门，由省政府审批或者核报国务院批准。扩权县（市）比照设区市权限管理有关矿权及许可证，批准文件抄报所在设区市有关部门。扩权县（市）区域内需省级有关部门审批、审核或上报的探矿权、采矿权，申请人直接报省级有关部门审核或审批。省级有关部门审批后，抄送探矿权、采矿权所在设区市有关部门。

（6）证照管理。扩权县（市）比照设区市权限直接核发各类证照（不含国家法律、法规明确规定由设区市发放的证照）。属于省级有关部门发放的证照和批准的事项，由扩权县（市）向省级有关部门报批、核准，同时抄报所在设区市有关部门。

（7）价格管理。扩权县（市）区域内的城市供水价格、公有住房出售价格、县城及建制镇集中供热价格、液化气最高零售价格、殡葬服务价格，出租车运价、公交车运价、地方道路客运票价，污水及居民生活垃圾处理费、城市卫生管理费、停车费、高中及义务教育阶段的住宿费、取暖费和代办费标准，由扩权县（市）制定，同时抄报省及所在设区市有关部门。省上建立专项扶持资金，扶持带动扩权县（市）加快发展。省级有关部门在项目布局和资金安排等方面对扩权县（市）给予倾斜。省政府召开的一些重要会议、省政府各部门和直属机构召开的专业性会议，印发的有关文件、指导工作的各类信息，凡设区市参加或享有的可以部分扩大到扩权县（市）。

3. 湖南省

2005 年，中共湖南省委办公厅、湖南省人民政府办公厅下发《关于扩大县（市）经济管理权限的通知》，实施范围包括长沙县、望城县、宁乡县、浏阳市、株洲县、攸县、茶陵县、炎陵县、醴陵市、湘潭县、湘乡市、韶山市、衡阳县、衡南县、衡山县、衡东县、祁东县、耒阳市、常宁市、邵东县、新邵县、隆回县、洞口县、绥宁县、新宁县、城步苗族自治县、武冈市、岳阳县、华容县、湘阴县、平江县、汨罗市、临湘市、安乡县、汉寿县、澧县、临澧县、桃源县、石门县、津市市、慈利县、桑植县、南县、桃江县、安化县、沅江市、桂阳县、宜章县、永兴县、嘉禾县、临武县、汝城县、桂东县、安仁县、资兴市、祁阳县、东安县、双牌县、道县、江永县、宁远县、蓝山县、新田县、江华瑶族自治县、中方县、沅陵县、辰溪县、溆浦县、会同县、麻阳苗族自治县、新晃侗族自治县、芷江侗族自治县、靖州苗族侗族自治县、通道侗族自治县、洪江市、冷水江市、涟源市、双峰县、新化县、吉首市、泸溪县、凤凰县、花垣县、保靖县、古丈县、永顺县、龙山县等 88 个县市。

主要内容包括：（1）超限运输车辆行驶公路审批，由县（市）人民政府公路主管部门（含高速公路管理机构）实施。（2）省重点保护的野生动植物猎采许可，由县（市）人民政府林业行政主管部门实施。（3）临时占用2公顷以下除防护林或特种用途林以外的其他林地审批，由县（市）人民政府林业行政主管部门实施。（4）林木种子生产、经营许可证核发，由县（市）人民政府林业行政主管部门实施，报市州相关部门备案。（5）省内木材运输证核发，由县（市）人民政府林业行政主管部门实施。（6）职业介绍机构资格认定，由县（市）人民政府劳动和社会保障行政主管部门实施。（7）民办学前教育机构、中小学的设立、变更和撤并，由县（市）人民政府教育行政主管部门核准。（8）幼儿园、小学和初级中学教师资格认定，由县（市）人民政府教育行政主管部门实施。（9）食品生产经营卫生许可，由县（市）人民政府卫生主管部门实施。（10）公共场所卫生许可证核发，由县（市）人民政府卫生行政主管部门实施。（11）供水单位卫生许可，由县（市）人民政府卫生行政主管部门实施。（12）申报国家和省投资补助的建设项目，包括使用政府补助、转贷、贴息投资建设的项目，其资金申请报告由县（市）初审后，直接向省有关部门申报。（13）省级科技攻关计划项目，由县（市）初审后，直接向省有关部门申报。（14）3000万美元以下鼓励类、允许类直接利用外资项目，由县（市）有关部门按规定审批、核准，报市州有关部门备案。（15）3000万美元及以上、1亿美元以下鼓励类、允许类直接利用外资项目的核准，由县（市）初审后，直接向省有关部门申报。（16）中方投资3000万美元以下的资源开发类境外投资项目和1000万美元以下的非资源开发类境外投资项目的核准，由县（市）初审后，直接向省有关部门申报。（17）5000万美元以下限制类直接利用外资项目的核准，由县（市）初审后，直接向省直有关部门申报。（18）5000万美元以下限制类外商投资项目合同、章程备案，由县（市）初审后，报省商务厅核准。（19）年减免城镇土地使用税在5万元以上的困难减免审批，由县（市）初审后，报省地方税务局审核。（20）需省政府审批的各项建设用地，由县（市）政府直接报送省政府国土资源管理部门（其中"圈外"的省重点建设项目用地，经县（市）

国土资源部门初审后，可由项目法人直接报省国土资源部门审核、审批)。
(21) 高新技术企业、产品认定，由县（市）初审后，报省主管部门核准。
(22) 事业单位广告经营资格审批，由县（市）工商行政管理部门实施。

此外，对经济强县（市）实施单独政策包括：（1）实行"一个不减、两个优先"的扶持政策。"一个不减"是指省、市州对经济强县（市）原有的优惠政策和扶持力度不减。"两个优先"是指在安排建设项目时，优先扶持经济强县（市）基础设施和产业发展项目；在审批用地规模时，优先保证经济强县（市）的发展和建设。（2）赋予经济强县（市）相当于省辖市的经济管理权限。除法律、法规、规章明确规定由市州审批的事项外，现由市州审批的其他事项由经济强县（市）自行审批，报市州备案；需经市州审核、报省审批的事项，由经济强县（市）审核后直接报省审批，报市州备案。市州级保留的对经济强县（市）的审批、审核事项，须报省审批制度改革办公室重新核准，并行文确定。（3）建立与经济强县（市）权限相适应的管理体制。一是计划直接报送。经济强县（市）的国民经济和社会发展年度计划、中长期规划、专项规划、行业规划，以及各业务部门的专业计划、业务报表，在报所属市州有关部门汇总的同时抄报省直有关部门。省直有关部门对经济强县（市）的计划指标进行直接平衡，并在其所属市州名下以"其中"形式单列。二是项目直接申报。经济强县（市）需要经过市州向省直有关部门上报的固定资产投资项目和申报投资补助的建设项目，包括国家财政性投资项目、国家银行优惠政策性贷款项目、国家和省统借统还的国外贷款项目（跨县级行政区域的除外），以及省级各类专项资金安排的建设项目，省级、国家级各类科技计划项目，由县（市）有关部门直接上报省有关部门，并抄报所属市州有关部门。三是用地直接报批。需省政府审批的各项建设用地，由经济强县（市）政府直接报省政府行政主管部门。省级审批的土地开发整理项目，矿产资源勘察、开采、保护项目，可以由经济强县（市）有关部门直接报省直有关部门审批，土地利用年度计划由经济强县（市）有关部门直接向省直有关部门申请核准。四是证照直接发放。除法律、法规、规章明确规定由市州核发的证照外，现由市州核发的其他证照，由经济强县（市）直接审查核发；需经市州审核、报省直有关部门核发的证照，由经济强县（市）审核后直接报省直有关部门审查核发，报市州备案。

4. 江苏省

2008 年，中共江苏省委办公厅、江苏省政府办公厅下发《关于进一步扩大县（市）经济管理权限的通知》，根据"依法合规、能放则放、责权统一、规范管理"的原则，赋予县（市）更大的经济管理权限，经济管理原则上由省直接对县，省向下分配经济资源、落实发展规划、部署经济发展任务和工作，除特殊情况外，均直接安排到县（市）；县（市）承担的经济工作任务，直接对省负责。从 2008 年 7 月 1 日起，过去规定经省辖市政府及主管部门审核，报省政府及主管部门管理和批准的经济审批事项，由县（市）政府及主管部门直接报省政府及主管部门审批，同时抄报省辖市政府及主管部门。其用地、能评、环评等审核上报权限、程序，原则上与项目审核上报权限、程序相统一。

（三）县行政省直管

省级政府在各项行政事务上对县级政府直接管理，主要涉及党委、人大、政府、政协等的工作直接向省汇报，主要领导干部由省直接任命和管理。在部分省份，实行行政省直管后县还会进行司法体制改革，法院、检察院直接接手省高级人民法院、检察院管理。目前，我国进行行政省管改革的县较少，除四大直辖市外，仅海南、安徽、新疆、河北、河南、江西、湖北、广东、江苏全部或部分实行行政省直管体制，部分先行试点甚至在后期取消行政省管体制，恢复"省管市，市管县"体制。例如，2018 年 1 月 17 日河南省委、省政府发布《关于深化省直管县管理体制改革完善省直管县管理体制的意见》，重新将管理县党委、人大、政府、政协、法院检察院、群团组织的权限下放给地级市对口组织，从事实上取消此前的"行政省直管"模式。

值得一提的是，海南省是"省直管县"最彻底的省份，受地域面积、人口等因素影响，自建省以来就实行"省直管县"，省委、省政府直接指导县（市），县（市）领导班子由省委直接考核、任命和管理，县（市）

财政与省财政直接发生关系,所有县(市)委书记都是省委委员或候补委员,直接参与省委的重大决策,县(市)政府直接履行省辖市的行政职权。2008 年,海南省出台《关于进一步完善省直管市县管理体制的意见》,进一步明确省和县(市)政府各自的职权范围,推进相关配套改革,完善领导干部选拔任命制度,进一步推进"省直管县"改革。

三、全面"省直管县"的难题与财政"省直管县"改革的破题

"省直管县"改革的推进,取得了显著成效,浙江省作为坚持实行"省直管县"的省份,经济快速发展,成为全国经济最发达的省份之一,特别是涌现出一大批县级经济强县。2020 年,全省有 25 个县市区 GDP 超过 1000 亿元,最高的余杭区 GDP 超过 3000 亿元,全国县域经济百强县浙江省有 25 个入选。

但是,"省直管县"改革在实践过程中也遇到了很多难题与障碍,改革多限于局部试点,且更多限于经济管理领域。政治上以及行政上的"省直管县"推进一直较难,且从中央到地方对此都比较谨慎,没有形成统一的认识,缺乏中央统一的顶层设计,缺乏统一的法律制度支撑。主要原因在于以下几方面。

一是容易陷入"两头不顾"。"市管县"体制下,县是地级市 GDP、财政等的组成部分,县在遇到经济或财政方面困难时,地级市通常会协调资源予以支持,省里该有的支持也一分不会少。然而,实行"省直管县"后,县逐渐与所在地级市脱钩,县出现困难时,地级市的帮扶意愿会相应减弱,往往"有力无心";省里因为管理幅度扩大,需要管辖的单位增多,或是自身资源有限,有时不能及时顾及每个直管单位,可能"有力无心"。这种情况下,直管县在发展过程中可能遇到"市里不愿管,省里顾不到"的困境。

二是市级层面阻力较大。省直接管理县后,市级无法统筹资源,科学进行经济社会布局,容易出现中心城市"空心化",不利于中心城市建设。同时,县级虽然在经济管理上享受与市级同等或基本相等的待遇,但经济

管理权限往往与政治及人事管理难以分开，因此，市级可以通过其他方面干预县级经济社会发展，县级被赋予的经济管理权限往往并不能完全到位。目前，我国大部分省份仅实行"财政省直管"或"经济省直管"，而没有实行"行政省直管"。在这些县，财政、经济等工作直接向省级政府及其所属部门汇报，但人事权仍然保留在其所在地级市，所以，财政、经济等指标任务必须接受地级市考核管理，造成既要接受省领导又要接受地级市指令的"多头"局面，影响县级政府的施政效率。

三是省直部门阻力较大。扩权强县涉及权力分配的重新调整，对省直部门冲击较大，特别是其中涉及的行政审批权限、项目审批权限，不少部门表面上下放权限，如把审批变成备案，但实质上主导权仍然把控在省里。同时，省里由原来主要面向管理市州到管理市州和县市区，管理对象大幅度增加，而编制、人员配备并未同等增加，工作量大大增加了，造成省直部门管理能力水平不足。

四是一管就死、一放就乱的情况同样存在。省里权限下放后，县里自主权大幅增加，但权责是对等的，责任也大幅度增加，不少县级政府一方面不想用、不敢用，不愿意担责，接不住、用不好的情况普遍存在；另一方面，也存在乱用权限、违法审批、违法用权的情况。同时，我国多数省份推进"省直管县"体制采取的是"先试点，再推广"方式，往往会导致试点县被周边县所孤立。在"市管县"体制下，县级干部在所处地级市逐渐晋升，提高行政级别，而省直管试点地区，相关工作由省直接管理，因此，地级市提拔干部时，会优先考虑非"省直管县"，同时，省直部门对应职级的岗位数量有限，且县级干部直接调任省直工作难度较大，试点县干部晋升空间相对收窄。尽管干部流动晋升并不会直接反映到当地财政、经济上，但时间一久也会影响干部工作的积极性。

五是部分"省直管县"改革没有达到预期效果。除浙江等部分发达地区，省里对县里支持力度较大，县域经济发展较快外，不少省份开展"省直管县"改革后，与非"省直管县"之前相比，并没有发生根本性的变化。

这些困难和障碍的存在，极大阻碍了"省直管县"改革的推进，特别是政治、行政上"省直管县"的难度很大，使省直管县改革一定程度上出现停滞，部分地方甚至出现倒退，例如，河北省 2015 年确定在迁安市、宁晋县、涿州市、怀来县、平泉县、任丘市、景县、魏县 8 个县开展改革试点，半年后又恢复到试点前的管理体制。在这个背景下，财政"省直管县"改革开始成为"省直管县"改革的一个重要突破方向。

相对于政治、行政及其他经济领域的"省直管县"改革，财政"省直管县"改革有其先天的便利条件：一是有较好的基础条件。一方面，实行财政"省直管县"前，在财政管理上，不少事项已经实现直接由省到县，例如，在一般性转移支付计算上，不少省份已经按照因素分配法，直接结算到县级；另一方面，在技术条件上，金财工程、金税工程的建立，省市县已经实现信息上的联网，部分省份还提前建立省到县的公文传输系统，文件可以第一时间到县，这为实施财政"省直管县"奠定了良好的技术基础。二是各方阻力相对较小。虽然财政"省直管县"也会涉及利益重新分配，但总的来说调整力度较小，对省直部门而言，项目资金分配权限并没有变化，只是工作量相对增加，对市级而言，虽然财政调控空间变小，但省直管的地方大部分本身就是财政困难地区，市级减少了支持的包袱，可以集中财力建设中心城区。三是财政"省直管县"改革主要采取基数不动、增量改革模式，基本维护既定利益格局，同时省级财政有较强的调控能力，通过奖励等机制设计，进一步减轻了实施难度。四是实施财政"省直管县"改革的省份大部分都取得了成功，特别是"省直管县"有效增强了省级统筹调控能力，可以及时保障县乡财政运行，缓解基层财政困难，在实现保运转、保工资、保民生方面发挥了重要作用，这也更加容易获得党委、政府的支持。

在这些因素的共同作用下，党中央、国务院陆续出台的多个"省直管县"改革文件都强调，有条件的地方，要加快"省直管县"财政管理体制改革。2005 年，财政部发布《关于切实缓解县乡财政困难的意见》，要求各省级行政单位积极探索推行财政"省直管县"改革试点。同年，中共十六届五中全会提出，要减少行政层级，条件成熟的地区可以实行省直管县财政体制。2006 年，中共中央、国务院下发的《中共中央 国务院关于推进社会主义新农村建设的若干意见》指出，"有条件的地方可加快推进省直管县财政管理体制和乡财县管乡用财政管理方式的改革"。同年，国家"十一五"规划提出，"完善中央和省级政府的财政转移支付制度，理顺省级以下财政管理体制，有条件的地方可实行省级直接对县的管理体制，逐步推进基本公共服务均等化"。2008 年底，中共中央、国务院《关于 2009年促进农业稳定发展农民持续增收的若干意见》强调，"推进省直接管理县（市）财政体制改革，稳步推进扩权强县改革试点，鼓励有条件的省份率先减少行政层次，依法探索省直接管理县（市）的体制"。在中央层面的推动下，一场轰轰烈烈的财政"省直管县"改革如火如荼地展开。

第二节
我国财政"省直管县"改革的发展历程

一、地方自行探索阶段（2009 年以前）

如前文所述，随着"省直管县"改革的深化和推进，财政"省直管县"由于其独特的优越性，成为改革的突破口，一大批省份率先开展财政"省直管县"改革。截至 2009 年底，全国 31 个省、自治区、直辖市中，已有 24 个省开展财政"省直管县"改革试点工作[①]。

这些实行财政"省直管县"改革的省份，大体可以分为三种类型：一是与行政管理体制相衔接，直接实行财政"省直管县"体制。包括北京、天津、上海、重庆四个直辖市，深圳、青岛、厦门、宁波、大连五个计划单列市，以及海南省。二是实行部分财政"省直管县"改革。就是在扶贫工作重点县和粮食、油料、棉花、生猪生产大县及生态保护县、资源枯竭地区等局部地区开展改革试点，其他地区仍实行"市管县"的财政体制，包括河北、山西、山东、河南、陕西等 11 个省份。三是全面实行财政"省直管县"改革。包括浙江、安徽、湖北、黑龙江、吉林、宁夏、江苏、

---

① 李萍. 财政体制简明图解［M］. 北京：中国财政经济出版社，2020：165.

江西等8个省份（见表3-1）。

表3-1　　　　　　部分财政"省直管县"改革自发探索阶段省份

类　型	省（区、市）	范　围
与行政管理体制相衔接	北京市、天津市、上海市、重庆市、海南省	全省（市）范围内实施财政、经济、行政省直管县体制
全面改革型	浙江省、安徽省、湖北省、黑龙江省、吉林省、宁夏回族自治区、江苏省、江西省	全省（市）范围内实施财政省直管县体制
部分改革型	河北省、山西省、山东省、河南省、陕西省、四川省、贵州省、甘肃省、广东省、青海省、新疆维吾尔自治区	省内少数试点县（市）

这个阶段我国的财政"省直管县"改革由于财政部没有出台针对省以下财政体制调整的规定，更多是调整中央与地方关系的方向性意见，因此，各省安排省以下财政体制的自主性比较大，省情的不同导致各省改革的范围和力度差异较大。比较有代表性的几个省份改革模式如下。

（一）黑龙江省财政"省直管县"改革

2007年11月18日，黑龙江省人民政府下发《关于进一步完善省直管县财政管理体制的实施意见》，明确进一步完善省直管县财政体制，促进县域经济加快发展。

1. 基本原则

兼顾利益，在不改变省市县利益分配格局的前提下，进一步调整和完善财政管理体制，调动各方面的积极性；放权提效，管理重心下移，减少管理层次，提高管理效率；明晰权责，合理界定各级政府财政管理权力和责任，实现权责对等，利益均衡，关系明晰；促进发展，有利于县域经济加快发展和区域经济协调发展，通过体制和机制创新，为全省经济发展注入活力。

2. 总体目标

在分税制财政管理体制框架下，明确职能、规范制度、创新机制、完善措施，建立权责明晰、管理高效、调控有力的新型财政管理体制。

3. 主要内容

（1）财政收支核定。按照国家和省有关规定，在 1994 年分税制财政管理体制框架下，县财政收支范围和收支基数由省直接核定。（2）税收返还核定。消费税、增值税、企业所得税、个人所得税和营业税等财政收入的上划基数及税收返还直接核定到县（其中营业税上划基数的核定不包括哈尔滨市所辖县）。（3）转移支付核定。省对县财力性转移支付，按照规范的转移支付办法，由省财政部门直接核定到县。（4）专项资金分配。县申请国家和省专项资金（包括一般预算、基金预算和预算外资金，下同），由县财政部门直接向省财政部门申报。属于国家专项资金项目的，由省财政部门审核汇总后向国家申报，并按国家批准的项目和要求分配下达到县财政部门，抄送所在市财政部门；属于省专项资金项目的，由省财政部门或省财政部门与主管部门共同审核批准后下达到县财政部门，抄送所在市财政部门。省对县安排的专项拨款，除国家另有规定外，不要求县配套。（5）政府性债务管理。县举借新的政府性债务（指外国政府贷款、国际金融组织贷款及国债转贷资金等），直接向省财政部门申报并办理相关手续。2006 年 12 月 31 日以前，以市为单位统一举借的政府性债务，由市、县财政部门负责清理、划分，核对一致并签署交接协议报省财政部门，由市县分别偿还到期债务，逾期不还的，省财政部门按规定对市县财政扣款。（6）预算编制管理。省财政部门负责制定年度县级财政收支预算编制的政策规定，经省政府批准后，下达到县执行。（7）资金调度管理。县财政国库资金留解比例由省财政部门核定。预算执行中的预算资金调度、财政专项资金拨款及各种财政借款，均由省财政部门直接管理到县。（8）财政结算办理。省财政部门按照财政体制和有关政策规定，年终就相关结算数据与县财政部门核对后，通过市财政部门对县财政部门办理结算。市对县的有关结算事项及时上报省财政部门备案。（9）预算执行管理。县财政部门在预算执行中出现的问题直接报省财政部门，同时抄报所在市财政部门。需答复和办理的事项，省财政部门将结果直接反馈县财政部门，同时抄送所在市财政部门。（10）财源建设工作。省财政部门指导县财政部门制定财源建设规划，考察论证财源建设项目，协调解决财源建设工作中的重大问题。(11)车辆编控管理。县国家机关、事业单位和团体组织(包括政企合一的部门和单位)公务用车的车辆编制和配备标准审批管理事宜,经县财政部门审核后直接报省财政部门审批。(12)资产管理。省直各部门下拨到县的固定资产,由省财政部门直接对县办理调拨、划转手续。

(二)河北省财政"省直管县"改革

2009年2月27日,河北省人民政府下发《关于实行省直管县财政体制的通知》,明确从2009年1月1日起,实施统一规范的省直管县财政体制,将扩权县(市)和纳入省财政直接管理的产粮大县(市),统一为"省财政直管县",实行统一的省财政直接管理体制,全省共64个县(市)纳入改革范围。改革的主要内容包括财政收入划分、财政支出责任界定、体制基数核定和管理方式等。

1. 财政收入划分

实行省直管县财政体制后,设区市原则上不再分享直管县的财政收入,但保留上年度财政收入分享基数。在各直管县征收的财政收入,各级财政分享范围和比例调整为:(1)增值税。按属地征收,中央分享75%,省分享10%,直管县分享15%。(2)营业税。中国工商银行、中国农业银行、中国银行、中国建设银行、国家开发银行、中国农业发展银行、中国进出口银行及其参股银行的地方金融业务营业税,仍作为省级固定收入。除此之外的地方营业税,直管县分享100%。(3)企业所得税。铁路运输、国家邮政、中国工商银行、中国农业银行、中国银行、中国建设银行、国家开发银行、中国农业发展银行、中国进出口银行、中国石油天然气股份有限公司、中国石油化工股份有限公司及海洋石油天然气企业缴纳的企业所得税为中央收入。跨省总分机构的中央企业所得税收入,按相关因素分配给河北省的收入部分,作为省级收入。除此之外的企业所得税为中央、省、直管县共享收入,按属地征收入库,中央分享60%,省分享20%,直管县分享20%。(4)个人所得税。按属地征收,个人所得税由中央、省、直管县按比例分享,中央分享60%,省分享10%,直管县分享30%。(5)资源税。按属地征收,资源税由省、直管县按比例分享,省分享 60%，直管县分享 40%。（6）除上述税收和中央原固定收入外的其他各项税收收入，按属地征收，全部为直管县本级收入。（7）跨县（市、区）经营，现行不能在县级独立纳税、统一在设区市纳税的企业缴纳的市以下分享增值税、营业税、企业所得税、个人所得税、城建税及教育费附加等收入，仍在设区市统一缴纳，作为设区市收入。（8）各项非税收入的划分。中央和省在各直管县的非税收入划分范围和比例不变；各设区市承担部分工作职能按比例分享的非税收入，原则上维持现行收入划分体制；对相应业务管理职能主要在县级的非税收入，原则上下放到"省直管县"。（9）实行"省直管县"财政体制后，各设区市不得再出台任何集中直管县收入的体制政策。（10）各设区市按照以上收入划分体制要求，调整和确定对县（市）财政体制。

2. 财政支出责任界定

按照责权统一原则，财政支出责任界定与财政收入体制相对应，设区市原则上不再承担"省直管县"相应的新增支出责任。（1）配套基数的核定。各设区市财政应承担的为"省直管县"配套资金以 2008 年为基数，定额上解省财政，省财政再补助"省直管县"继续用于相关专款配套或原政策规定支出。（2）统一省对直管县新增配套资金政策。由于设区市不再承担直管县的支出责任，省财政对直管县配套比例适当高于与其财力水平相当的一般县配套比例。（3）与非税收入相对应支出责任调整。对设区市按比例分享非税收入的，市级仍承担相应的支出责任。"省直管县"后，设区市原则上不再承担直管县其他支出责任，但鼓励其继续支持直管县发展。（4）出口退税负担机制。直管县辖区内企业出口退税 3% 部分全部由县级负担，设区市不再负担。原出口退税基数 3% 部分和出口退税基数返还全部作为"省直管县"基数。

3. 体制基数的核定

省市县三级财政之间体制基数核定，原则上以 2008 年决算数据和市对县经常性补助（上解）为依据，并参考 2007 年相关情况，按照不挤不占、保各级既得利益的原则处理。体制基数核定内容主要包括财政收入、各项税收返还、财力性补助、经常性专款补助、体制性上解、经常性专项上解及债权债务相关基数的处理等。

4. 管理方式的确定

省财政对直管县的各类收支管理事项，原则上由河北省财政直接对直管县办理。财政资金往来，由省财政直接核定直管县的税收留用比例、直接调度和拨付资金；财政结算事项，由省财政直接对直管县办理，直管县直接向河北省财政厅报送本地财政结算有关资料；财政预算决算、财政收支统计报表和执行分析，由直管县直接报送河北省财政厅，并抄报设区市财政局，设区市报送省财政厅时将直管县作为"其中"数列出；申请财政资金的项目和专款补助，由直管县直接向省有关部门申报，省下达的各项财政资金直接测算、分配到直管县；非税收入管理，由直管县直接向省有关部门申报行政事业性收费项目和标准，省直接审批到直管县；省财政召开涉及资金分配的会议，发布的各类文件、指导工作的各类信息，均扩大到直管县；"省直管县"财政工作落实情况、重大事项报告、各项信息直接报河北省财政厅；财政事务性管理，如专项业务工作评先评优、财政监督、财政系统文明建设、干部培训等有关工作，"省直管县"原则上直接对河北省财政厅。为减少行政成本，省可以将部分事项委托设区市管理，如一般性工作部署，可由设区市代行的，由设区市财政局统一部署。省财政直管的预算和决算暂时仍作为所属设区市总预算和决算的组成部分，汇总纳入设区市政府总预算（决算）草案报同级人民代表大会或其常委会审议通过。

以上两种财政"省直管县"模式的主要区别在于省财政与县级财政结算方式的不同：黑龙江省明确"省财政部门通过市财政部门对县财政部门办理结算"；河北省明确"财政结算事项，由省财政直接对直管县办理"。

二、中央统一部署阶段（2009~2012年）

在总结一系列试点省份经验的基础上，2009年，财政部下发《关于推进省直接管理县财政改革的意见》，正式提出在全国全面推进财政"省直管县"改革。其中，改革的总体思路是：按照社会主义市场经济和公共财政的内在要求，理顺省以下政府间财政分配关系，推动市县政府加快职能转变，更好地提供公共服务，促进经济社会全面协调可持续发展。坚持因地制宜、分类指导，各地要根据经济发展水平、基础设施状况等有关条件，确定改革模式、步骤和进度，不搞"一刀切"；必须坚持科学规范、合理有序，要按照分税制财政体制的要求，进一步理顺省以下政府间事权划分及财政分配关系，增强基层政府提供公共服务的能力；必须坚持积极稳妥、循序渐进，保证市县既得利益，尊重实际情况，妥善处理收支划分、基数划转等问题，确保改革的平稳过渡和顺利运行；必须坚持协调推进、共同发展，充分调动各方发展积极性，增强县域发展活力，提高中心城市发展能力，强化省级调控功能，推动市县共同发展。改革总体目标是到 2012 年底前，力争全国除民族自治地区外全面推进省直接管理县财政改革。民族自治地区按照有关法律法规，加强对基层财政的扶持和指导，促进经济社会发展。改革的主要内容是：实行省直接管理县财政改革，就是在政府间收支划分、转移支付、财政预决算、资金往来、年终结算等方面，省财政与市、县财政直接联系，开展相关业务工作。为确保顺利推进省直接管理县财政改革，省级财政要会同有关部门抓紧调整管理制度，积极创新管理机制，将有关工作延伸到县；要逐步建立县级基本财力保障机制，加大对财力薄弱县的支持力度，实现"保工资、保运转、保民生"的目标；要规范财政预算外资金管理，全面清理预算外分配事项，理顺政府间预算外资金管理和分配关系；要加强财政管理信息化建设，构建省级与市、县的财政信息化网络，提高工作效率。市级财政要继续关心和帮助县级财政发展，加强对县乡财政工作的指导。县级财政要积极、主动配合省、市级财政做好有关改革工作，增强自我发展、自我约束意识，认真落实财政改革各项措施，提高财政管理的科学化、精细化水平。各级财政部门要树立大局意识，加强组织领导，积极、主动、稳妥地推进改革，细化方案，精心实施。已经全面实行改革的地区，要密切跟踪改革进展，进一步规范和完善。正在进行试点的地区，要总结经验，加快推进。尚未开展试点的地区，除民族自治地区外，要尽快制定试点方案，积极推进改革。

在财政部的统一部署推动下，部分已经实行改革的省份，继续扩大范围，不断完善财政"省直管县"体制，如甘肃、贵州等省。尚未开展试点的省份，除民族自治地区外，迅速在全省推进财政"省直管县"改革，如湖南、山东等省。下面，介绍几个代表性省份的改革模式。

（一）甘肃省财政"省直管县"改革

2011年1月5日，甘肃省人民政府下发《关于全面推进省直管县财政管理体制改革工作的通知》，明确从2011年1月1日起，在2007年已经实施的41个省直管县财政管理体制改革试点基础上，全面推进省直管县财政管理体制改革，扩大改革试点县市为：永昌县、清水县、甘谷县、玉门市、肃北县、肃南县、渭源县、漳县、成县、文县、康县、徽县、两当县、灵台县、华亭县、宁县、合水县、环县、和政县、康乐县、广河县、卓尼县、舟曲县、迭部县、碌曲县、玛曲县等26个县。

1. 体制性补助拨付直接到县

从2011年起，将省对市州的财政管理体制直接实行到试点县，市州按原体制参与分成的试点县收入全部下划，作为县级收入。市州下划试点县收入（不含行政性收费、专项收入和其他收入），以2010年决算数为基数，由试点县通过年终结算上解省级，省级返还市州财政。市县增值税、消费税税收返还、所得税基数返还及成品油价格和税费改革税收收入返还，以2010年决算数为基数，在市州、试点县之间调整，属于试点县的基数，由省级直接核定到试点县。市州对试点县其他财力性补助（上解），以2010年补助数为基数，由市州通过年终结算上解省级，省级补助（上解）试点县。

改革后，取消市州对试点县行政性收费、专项收入和其他收入分成办法。行政性收费、专项收入和其他收入按照中央和省有关规定，分别缴入中央、省级、试点县级国库或财政专户。

2. 基金收入分成直接到县

取消市州对试点县各项政府性基金收入分成办法。各项政府性基金收入依据中央和省相关规定，分别就地缴入中央、省级和试点县级国库。试点县原按体制或规定应上解市州级财政的各项政府性基金收入留归本级。

3. 收入计划下达直接到县

省税务等收入征收部门，在下达市州收入任务建议数时，对试点县任务直接予以明确。

4. 转移支付下达直接到县

省级对市县各项转移支付补助按照规范办法直接测算下达到试点县，并抄送市州财政部门。

5. 项目计划安排和专项补助下达直接到县

省级部门项目计划和发展规划要直接明确到试点县。试点县的项目计划、专项资金申请报告应按规定程序直接上报省级有关部门，同时抄报市州相关部门。省级下达专项补助资金，由省财政厅或省财政厅会同省级有资金分配权的部门直接分配下达到试点县，并抄送市州财政部门。

6. 财政结算办理直接到县

试点县年终财政结算由省财政厅按项目和数额，直接与试点县市财政办理，办理结果抄送市州财政部门和有关部门。

7. 收入报解及预算资金调度直接到县

各市州、试点县国库按照财政管理体制规定，分别向中央金库、省级金库报解财政库款。省财政直接确定市州、试点县资金留解比例。预算执行中省对试点县的各项资金调度，由省财政直接拨付，正常资金调度原则上每月 10 日前办理一次；救灾、防汛、抗旱等突发性应急资金专项调拨。预算执行中市州财政对试点县的补助资金，通过省财政调拨，市州财政部门不再向试点县直接调拨资金。预算执行中，省财政与市州、试点县定期进行往来款对账工作。

8. 债务偿还直接落实到县

试点县 2010 年底以前举借的国际金融组织贷款、外国政府贷款、国债转贷资金和中央、省级政府其他债务，由市州与试点县两级财政清算划分、核对一致，并加盖公章报经省财政厅和有关部门审核确认后，划转债务关系。债务到期后，市州、试点县分别直接归还省财政，未按期偿还的，省财政按规定扣款。2011 年起新增的与上级政府性债务，由试点县直接与省财政办理有关手续，并承诺还款。各市州本级财政对试点县的借款，到期后由试点县直接归还市州财政。

9. 工作部署直接到县

实行"省直管县"财政管理体制改革后，涉及财政各项工作由省级直接部署到试点县。试点县工作中的有关情况及问题，可以直接向省财政厅和有关部门反映，并抄报市州财政和相关部门。

10. 市州对县的支持不减

改革前，按照规定已经明确由市州本级给予试点县的各项配套资金，以 2010 年配套数为基数继续落实到位。2011 年及以后年度要求市州、县市新增的配套资金，由试点县全部承担。原市州本级应给予试点县的其他各项补助，继续予以补助；在财力许可的情况下，补助数额应在 2010 年的基础上逐步增加，其中，不享受省级一般性转移支付补助的市州，今后 3 年内，每年对本市州试点县的其他财力性补助，以 2010 年为基数，增幅不低于改革前 3 年平均增幅。

11. 数据报送和汇总程序不变

试点县的财政预决算、预算执行情况报表及其他相关资料，继续由市州财政负责统一审核和汇总报送，试点县应当在上报市州级财政部门的同时抄报省财政部门。

（二）山东省财政"省直管县"改革

2009 年 9 月 24 日，山东省人民政府下发《关于实行省直接管理县（市）财政体制改革试点的通知》，决定从 2009 年 1 月 1 日起实行省直接管理县财政体制改革试点。

1. 基本原则

一是权责统一，科学规范。坚持财力与事权相统一，按照分税制财政体制要求，全面规范预算内外资金管理和分配事项，进一步理顺省以下政府间事权划分及财政分配关系。二是协调推进，共同发展。充分调动各方面积极性，增强县域经济发展活力，提高中心城市经济发展能力，加强省级调控功能，推动全省统筹发展。三是积极稳妥，有序实施。充分考虑山东省省情，统筹兼顾各方面发展需要，积极稳妥推进改革试点。在充分试点基础上，不断完善改革方案，稳步扩大改革范围。

2. 试点范围

2009 年纳入省直接管理县财政体制改革试点范围的 20 个县为：商河县、高青县、莱阳市、安丘市、金乡县、泗水县、郯城县、平邑县、宁阳县、莘县、冠县、曹县、鄄城县、夏津县、庆云县、惠民县、阳信县、利津县、荣成市、莒县。

3. 主要内容

（1）财政收入划分。按照收入属地划分原则，现行体制规定的中央和省级收入分享范围与比例不变，设区市不再参与分享直管县的税收收入和各项非税收入，包括设区市在直管县境内保留企业的收入。对跨地区生产经营企业缴纳税收，暂维持现行体制不变。对设区市因承担部分工作职能而应分享的非税收入，年终经设区市和直管县财政局共同确认后，报省财政厅统一办理结算。

（2）财政支出责任界定。省级将财力性转移支付和专款补助单独核定下达到直管县，进一步加大帮扶力度，提高直管县基本公共服务保障能力。设区市继续支持直管县发展。对改革前设区市用自身财力安排给直管县的补助，通过核定基数，保证直管县的既得利益。设区市在改革前出台的对直管县的帮扶政策，未到期的继续执行。政策到期后，省级相应核定补助基数。改革后，设区市要从统筹区域发展的高度，继续支持直管县发展。对改革后设区市分享的直管县非税收入，设区市按照承担的事权责任相应承担直管县的支出。直管县继续深化财政体制改革，进一步完善"乡财县管"体制，加快县乡政府职能转变，提高财政管理水平，积极调整优化支出结构，努力保障和改善民生，统筹辖区内各项社会事业发展。

（3）体制基数核定。本着"权责统一、共同协商、公平公正、科学规范"的原则，主要依据改革基期年决算数据和相关政策等，合理确定省、市、县三级财政间的改革基数。体制基数核定内容，主要包括税收收入、各项税收返还、财力性补助、专款补助、体制性上解、经常性专项上解等。其中，设区市对直管县的专款补助基数暂不划转，仍由设区市统筹用于对直管县补助，但每年实际补助额不得少于核定的补助基数。

（4）政府债权债务管理。对改革前设区市举借的国际金融组织贷款、外国政府贷款、人民银行专项借款、国债转贷资金，以及中央和省财政有偿资金等财政统借统还的债务，未到期的贷款协议、贷款担保等，不再重新办理手续。对上述债务，设区市、直管县财政部门按照债权债务隶属关系，经双方共同确认签章后，上报省财政厅作为还款依据，分别按规定归还省财政。到期不按时归还的，由省财政直接对有关设区市、直管县进行结算收回。对未核对清楚的债务，作为设区市债务处理。对改革后设区市、直管县经批准举借的财政统借统还的债务，分别由设区市、直管县财政直接向省财政办理有关手续并承诺偿还，到期后不能按时偿还的，由省财政直接对设区市、直管县进行结算收回。设区市对县的各项政府债权债务，比照上述原则办理。在实施改革过程中，设区市不得突击扣回直管县欠设区市的债务。否则，一经查实，省级通过年终结算收回并返还给直管县。

（5）具体管理方式。省财政直接核定直管县的财政体制，设区市不得调整。一旦发现设区市出台任何集中直管县财政收入或转嫁支出责任的行为，省级采取措施予以纠正并通报批评。省财政直接对直管县办理财政结算。市财政对直管县的专款补助等财政结算事项，年终经设区市和直管县财政局共同确认后，报省财政厅统一办理划转。直管县直接向省级申报财政资金项目，省级财政资金直接测算、分配、下达到直管县。省财政直接核定直管县的税收留用比例，直接对直管县调度和拨付资金。涉及非税收入等各类省财政政策性审批事项，直接审批到直管县。省财政召开的重要会议、发布的重要文件和信息，直接下达到直管县。按照现行行政管理体制，直管县的财政预算、决算仍作为所属设区市财政总预算和决算的组成部分，汇总纳入设区市总预算和决算，报同级人民代表大会或其常委会审议通过，并报省级备案。设区市继续对直管县财政工作进行指导、监督，继续负责直管县收入任务完成情况考核和科学发展综合考核等工作，继续对直管县开展各类财政专项业务评先评优、会计事务、财政监督和干部培训等工作，并负责省级委托的对县的一般性工作事务。另外，当时实行市级统筹的各项政策，如企业职工基本养老保险和失业保险等，继续按照现行政策规定执行。

这个阶段,各省财政"省直管县"改革在政府间收入划分、转移支付、资金往来、预决算、年终结算等方面有了基本遵循,在保持既得利益的基础上,进行增量改革,主要实行"七个直接到县",即体制基数直接核定到县、收入计划直接下达到县、转移支付及专项资金直接到县、财政结算直接办理到县、资金调度直接拨付到县、政府债务直接落实到县、财政工作直接布置到县。当然,也有些不同点,例如,在国库资金调度、年终决算、债务管理上,福建国库资金调度仍然是由省调度到市、市调度到县,年终财政决算结算还是按省对市、市对县方式办理,政府债务管理还是实行省管市、市管县模式。

除此之外,不少省还采取了一些各有特色的工作措施确保"省直管县"改革取得实效。例如,安徽省实行财政"省直管县"联络员和县级预算审查等制度,由省财政厅为每个直管县指定一位处级联络员,联络员负责了解各县财政状况,帮助各县理清财政发展思路,指导各县进行预算编制,督促各县推进各项财政改革,同时,每年选择部分县对其年度预算的合法合规性进行重点审查。江西省结合"省直管县"改革要求,强化"金财工程"建设,优化升级省与县之间的局域网,使省与县之间的文件、数据传递及对账等工作均可以通过网络进行,提高工作效率和工作质量。湖北省实行"省直管县"财政监督办理和县级预算审查等制度,省财政厅在每个地级市设立"省直管县"财政监督办事处(4~9人不等),归口省财政厅监督局管理,专门负责直管市、县财政工作指导、管理、监督及年度预算合法合规性审查等。

三、调整与完善阶段(2012 年以后)

在中央推进"省直管县"改革过程中,财政部一直努力推动地方财政体制改革。在 2009 年印发《关于推进省直接管理县财政改革的意见》的基础上,2012 年印发了《关于省直接管理县财政改革的情况通报》,并指出"因条件不成熟 2012 年不能完全达到改革目标的地区,可根据实际情况确定实施'省直管县'财政改革的内容、时间、范围和步骤",从中央层面放缓财政"省直管县"改革的节奏。在改革实践中,2012年以后的改革同预期不尽相同,出现了两种走向。

(一)持续深化、推进财政"省直管县"体制改革

例如,《湖南省推进新型城镇化实施纲要(2014—2020年)》指出,"推进财政体制改革,进一步完善省直管县财政体制改革,理顺县乡财政体制"。2017年,山西省政府印发《关于在部分县(市)开展深化省直管县财政管理体制改革试点的通知》,提出深化省直管县财政管理体制改革试点,将长治襄垣县、忻州原平市、晋中介休市、临汾侯马市、吕梁孝义市、运城永济市纳入试点。

山东省于2019年出台《关于深化省以下财政管理体制改革的实施意见》,结合事权和支出责任划分改革推进财政"省直管县"改革,这也是近年来全国范围内调整力度较大的一次改革,其主要内容包括以下几点。

1. 调整省与市县税收分成办法

除石油、电力、高速公路、铁路等省级保留跨区域经营特殊企业税收外,从2019年起,对市县增值税、企业所得税、个人所得税和资源税、房产税、城镇土地使用税、土地增值税、耕地占用税、契税收入比2017年增长部分,省与市、省财政直接管理县(市,以下简称省财政直管县)按照20∶80的比例分成。其中,省级分成部分,执行中作为市县收入,属地征管、就地缴库,年终由市县通过体制结算上解省财政。

2. 调整省级对青岛市财力集中政策

从2019年起,青岛市专项上解省财政资金增加到30亿元,并以此为基数,以后每年按青岛市当年财政收入增幅递增上解,重点用于对财力薄弱地区的转移支付,支持全省区域协调发展。

3. 合理划分基本公共服务领域省与市县财政事权

按照基本公共服务受益范围与政府管辖区域基本保持一致的原则,逐步规范基本公共服务领域省与市县财政事权划分。加强省级在实施经济调控、维护统一市场秩序、体现社会公平正义、保持全省经济社会稳定、推动区域协调发展、促进全省基本公共服务均等化等方面的财政事权。将直接面向基层、量大面广、与当地居民密切相关、由市县提供更方便有效的基本公共服务确定为市县的财政事权。对难以明确区分受益范围但有公共需求且有利于促进全省经济社会协调发展的公共服务，逐步明确为省与市县共同财政事权。

4. 将重大基本公共服务事项首先列为省与市县共同财政事权

根据《国务院办公厅关于印发基本公共服务领域中央与地方共同财政事权和支出责任划分改革方案的通知》要求，将涉及群众基本生活和发展需要、以人员或家庭为补助对象或分配依据、省与市县共担支出责任、需要优先和重点保障的教育、医疗、养老等八大类17项重大基本公共服务，首先列入省与市县共同财政事权范围，加大保障力度。基本公共服务领域共同财政事权范围，今后根据国家改革要求和山东省经济社会发展情况相应进行调整。在严格落实基本公共服务保障国家基础标准的前提下，由省级按规定统一制定全省基本公共服务保障标准。各市因地制宜制定高于全省统一标准的地区标准，并事先按程序报省级备案后执行，高出部分所需资金自行负担。

5. 规范基本公共服务领域省与市县共同财政事权的支出责任分担方式

进一步明确细化17项基本公共服务分级保障责任，具体分为三类：第一类，包括义务教育公用经费保障、家庭经济困难学生生活补助、中等职业教育国家助学金、中等职业教育免学费补助、普通高中教育国家助学金、普通高中教育免学杂费补助、城乡居民基本养老保险补助、城乡居民基本医疗保险补助、基本公共卫生服务、计划生育扶助保障10个事项，实行省级分档分担办法。省级对16市（不含青岛市）补助比例分为40%、50%、60%、70%、80%五档，对省财政直管县分为70%、80%、90%三档。第二类，包括免费提供教科书、受灾人员救助2个事项，暂按现行政策执行。第三类，包括基本公共就业服务、医疗救助、困难群众救助、残疾人服务、城乡保障性安居工程5个事项，省级分担比例主要依据地方财力状况、保障对象数量等因素确定。

6. 改革完善省对市县转移支付制度

实施支持新旧动能转换重大工程财政体制激励政策，2018～2020年，建立与新旧动能转换成效挂钩的转移支付分配机制，建立财政收入结构优化奖励机制，建立高新技术企业税收增长奖励机制，建立重点园区"亩均税收"领跑者激励机制，建立"飞地"项目税收利益分享机制，建立绩效评价与预算安排挂钩机制。完善省对财政困难地区的转移支付制度，省级因提高税收分成比例新增的财力，用于增加县级基本财力保障机制资金规模，并按照"保基本、补缺口"的原则，加大对财政困难县（市、区）的补助力度。建立均衡性转移支付稳定增长机制，促进地区间财力均衡。创新完善生态文明建设财政奖补机制，省级所收取的调节基金，统筹用于建立大气、水、节能减排奖惩机制和重点生态功能区、自然保护区生态补偿制度，大力促进生态文明建设。

7. 完善市县财政增收激励约束机制

为鼓励市县振兴实体经济，2019～2020年，实施增值税增收激励政策，对省级因体制改革从市县集中的增值税增量收入给予全额返还，促进经济转型升级。实施市县税收增长约束政策，提高财政收入质量。

8. 扩大省财政直管县范围

按照优先突破薄弱县、兼顾区域一体化发展的原则，调整和扩大省财政直管县范围，增加到41个。省级财政在财政收支划分、转移支付、政府债务限额、资金往来、预决算、年终体制结算等方面，与省财政直管县直接建立业务往来关系。加强对省财政直管县分类绩效评价，提升县乡财政管理水平。结合全面扩权强县改革，制定实施支持县域经济发展、激发县域发展活力的财政政策措施。

9. 健全省市共同帮扶省财政直管县机制

强化市级统筹县域发展的责任，将市级对所辖省财政直管县帮扶情况，作为各市财政管理绩效考核的重要内容，并与省级转移支付分配挂钩。省财政根据市级以自有财力安排省财政直管县的补助资金数额，对东、中、西部地区分别按10%、20%、30%的比例给予奖励。省级奖励资金，统筹用于支持省财政直管县发展。

（二）暂缓、退出财政"省直管县"体制改革

鉴于改革实践中出现的一些问题，如地级市统筹能力下降，无力承担财政支出职责，不少省份取消或者变相停止"省直管县"改革的试点工作，通过"撤县设区"方式做强地级市。2015 年，河北省先后发布《关于扩大省直管县（市）体制改革试点工作的意见的通知》和《关于做好扩大省直管县（市）体制改革试点对接工作的通知》，将迁安市、宁晋县、涿州市、怀来县、平泉县、任丘市、景县、魏县 8 个"省直管县"重新划归所在设区市管理。辽宁省从 2016 年 1 月 1 日起，取消对绥中县和昌图县实行省直管县财政管理体制，统一纳入现行省市财政管理体制。绥中县与葫芦岛市、昌图县与铁岭市的财政收支划分、体制基数核定和财政管理方式，由葫芦岛市、铁岭市按现行市对县财政管理体制政策自行研究确定。河南省为了集中精力搞好郑州等中心城市建设，支持地级市做大做强，在2017 年底试点期满后，没有继续实施出台"省直管县"的方案。

广西壮族自治区自 2005 年起，开始推行财政"省直管县"体制改革，到 2011 年在全域范围内实行。但从 2017 年 7 月起，广西壮族自治区部分取消财政"省直管县"体制，改为一部分县（市）财政由省直管，一部分继续由地级市管理的模式。2017 年 7 月，广西壮族自治区发布的《关于改革完善自治区对县财政体制促进县域经济发展的实施意见》，指出广西财政省直管体制执行过程中出现的四大问题，强调"改革完善现行自治区对县财政体制十分迫切和必要"，并规定："经济强、距中心城市近、适宜统一规划布局的县（市）实行市管县，目的是增强城市统筹发展能力；其余县、市的财政仍然由省直接管理。"

相比于因改革受阻退出"省直管县"的省份，浙江"省直管县"的退出更像是完成历史使命之后的"功成身退"。20 世纪 80 年代，在各省撤销地区、构建"市管县"体制时，浙江直接实行财政"省直管县"体制，并在 1992～2009 年推动多轮强县扩权和扩权强县，形成除宁波市外全域范围内的财政＋经济"省直管县"模式。得益于这种管理模式，浙江县域经济和民营经济得到强有力的发展，走在全国前列。强大的县域经济和民营经

济帮助浙江实现了经济总量和基层发展的跨越，但相比于同等经济水平的省份，浙江大中城市发展稍显薄弱，这是长期资源向县域倾斜的结果。为适应一体化和都市圈经济发展战略，按照《浙江省国民经济和社会发展第十三个五年规划纲要》和《浙江省人民政府关于调整杭州市部分行政区划的通知》，杭州、宁波、温州、绍兴等地市纷纷加速撤县市设区，2017年8月，杭州市撤销临安市设立临安区，浙江省在"十三五"规划中删去有关"省直管县"的内容，标志着浙江"省直管县"体制暂告一段落。

➡ 第三节
我国财政"省直管县"改革的成效与经验启示

一、我国财政"省直管县"的成效

多年的改革实践充分表明，财政体制改革激活了各级政府发展地方经济的积极性，促进了经济发展和财政增收，理顺了政府间的收入分配关系，规范了各项收支行为，提高了财政管理效率。

（一）调动县市积极性，促进了县域经济发展

分税分享的财政体制打破传统财政体制下按行政隶属关系划分财政收入的做法，促进了资本要素的流动，理顺了政府间的收入分配关系，将省、市、县利益捆绑在一起，有效调动了各级政府培植财源的积极性，共同做大收入蛋糕，增强财政实力。

（二）增强省级宏观调控能力，提升了县市财政保障水平

一方面，新的财政体制增强省级宏观调控能力，使省级能给予财政困难地区更多的财力和政策支持，协调平衡区域间的财政实力，不断推动公共服务一体化。例如，湖北体制改革后，每年仅从武汉市集中的财力就近30亿元，通过安排政策性转移支付补助财政困难市县；吉林省对调整财政体制省集中的增量全额返还市州和县市。另一方面，"省直管县"后，所

有资金分配均实现直达，避免了过去市级财政在二次分配过程中出现的截留现象，县市财政得到更多实实在在的支持，保障能力明显提升。

（三）转变市级理财观念，加快了城市经济发展

实行财政"省直管县"后，市本级运行模式和调控方式发生了很大变化。为适应新体制要求，市级政府开始转变观念，把工作重心转变到促进城市经济社会发展上来，积极探索如何壮大财政实力，提高行政效率，推动经济发展。同时，省财政对市级的各项激励性办法，力度更大、措施更实，效果更佳，市域经济得到长足发展。例如，湖北省孝感市、黄冈市、咸宁市，2004～2009年本级地方一般预算收入分别年均增长35%、21%、31%，高于全省同期14%的平均水平。

（四）加快资金拨解速度，提高了财政管理效率

省直管县后，财政管理层级减少，体制关系更加便捷高效，财力与事权的匹配更加科学合理。中央、省支持县乡发展的政策、资金、项目等都直接到县，避免了过去层层下达、难以及时落实到位的现象，管理效率明显提升。例如，吉林省固定资产投资计划上报和下达均在省与县市两级之间进行，减少了中间环节；湖北改革之前县市一般每月为资金调度到地级市反复汇报，改革后资金调度每月上旬就能到达，平均节省时间20天左右；安徽省一般性转移支付下达时间大大提前，每年6月均已下达完毕。

（五）加强对县市工作的指导，提升了管理水平

实行"省直管县"后，省与县市沟通更加顺畅，联系更加紧密，促进了管理水平的共同提升。一是县市管理能力得到增强。通过开展县市预算审查、设立"省直管县"财政监督办事处、全面推进统一规范的部门预算等改革，省财政加强对县财政的指导、管理和监督，并通过开展培训、直接指导等多种方式，促进县级提高管理水平，县级财政收支行为进一步规范。二是省级出台政策更具针对性。省级增强了对县级财政真实情况的了

解，发现了县级财政管理的薄弱环节，出台的各项财政管理办法和措施更加具有针对性和可操作性，财政管理的科学化、精细化水平得到提升。

二、我国财政"省直管县"的经验和启示

财政"省直管县"改革成功的省份，有几点共同经验做法。

（一）既坚持统一规范，又妥善解决特殊问题

财政体制改革的主要目的，在于理顺政府间收入分配关系，实行规范管理。吉林省、湖北省体制改革对于收入范围、分享比例、奖励措施等都统一规范，但在维护体制统一性和规范性的前提下，又灵活制定政策。在新的财政管理模式下，湖北省对双方招商引资坐落在对方的项目，在不影响新体制的情况下，可以由市县双方协商确定利益分配关系，报省确认后通过结算划转。这种做法，既体现分税分享、统一规范的改革原则，又促进市县共同发展，达到双方共赢的目的。因此，在"省直管县"体制运行过程中，既要维护体制的严肃性、规范性，也要注意方式方法，妥善解决一些特殊问题。借助体制创新形成的制度优势，同时做好体制外配套安排，实现财政体制改革"软着陆"。

（二）制定切实可行的激励机制

实行财政"省直管县"后，各省都十分重视促进市县经济发展，并为此制定激励措施和办法，这也是财政"省直管县"能取得成功的关键所在。以湖北省、安徽省、吉林省为例，三省都实行收入分享改革。分享范围方面：湖北、吉林收入分享改革相对彻底，打破按企业隶属关系划分收入的办法，除按中央要求对所得税实行分享之外，对增值税和营业税也进行分享；安徽则仅对所得税实行分享。分享比例方面：三省本级对主体税种的分享比例都比较高，其中，吉林各项税种分享比例最高，湖北次之。"吃点菜"企业方面：湖北下放所有省级企业，均按属地征收，实行省与市州或县市分享；安徽和吉林则仍保留部分"吃点菜"的企业（见表3-2）。

表 3－2　　　　　湖北、安徽、吉林三省收入分享基本情况表　　　　单位：%

项目	湖北省		吉林省		安徽省	
	省分享	市县分享	省分享	市县分享	省分享	市县分享
企业所得税	37.5	62.5	40	60	37.5	62.5
个人所得税	37.5	62.5	40	60	37.5	62.5
增值税	32	68	50	50	按隶属关系	
营业税	30	70	50	50	按隶属关系	
省级"点菜"企业	无		银行、保险公司和非银行金融机构的营业税		高速公路、合九铁路、农发行的营业税；烟草销售、电力企业等的所得税	

注：数据根据三省相关文件整理。

　　同时，省级对市县在转移支付上也给予支持。例如，湖北省对一般预算收入和工商四税收入增幅越高的市县，给予的激励性转移支付补助越多，对市支持县市给予奖励。吉林省2009年在均衡性转移支付中安排市县收入增长挂钩奖励资金9亿元。安徽省制定财政强县奖励办法，对符合条件的县市每年奖励发展资金1000万元等。不管是收入分享体制的调整，还是财政"省直管县"体制的构建，关键在于调动各级发展经济的积极性，在于建立一套激活县域经济发展的良好机制。因此，必须制定一套切实可行的激励机制，充分发挥改革效应，促进区域经济可持续发展。

（三）重视发挥市级部门积极性

　　"省直管县"后，由于管理范围扩大，路径延长，省直各部门的管理工作量大幅增加。例如，所有工作均由省直部门直接联系到县，工作量会大增，加之县市部门业务能力相对要弱，工作质量可能大打折扣。湖北省改革之初，将报表汇总等工作直接安排到县，明显感到工作质量、工作任务得不到保证。目前，湖北省要求对报表汇总之类的工作，继续按原办法办理，吉林省和安徽省也是这样处理的。因此，在一个时期内，即便是"省直管县"，部分工作还是应尽量发挥市级作用。这样，既可加强市和县市的联系，又可减轻省级工作量。

（四）建立健全监督管理机制，确保新体制下财政资金的安全有效使用

"省直管县"后，有效监管市县各项收支行为，避免出现管理上的"真空"，也是关系到改革成败的重要问题。湖北、吉林、安徽三个省份都采取了多种有效措施，紧紧围绕财政体制改革中心工作，不断完善监督内容，创新监管方式，切实加强监管力度。例如，安徽省建立县级预算审查制度和联络员制度；吉林省采取巡回监督检查方式、监督检查回访方式等多种新形式开展监督。

（五）要帮助市级精简机构分流人员，减轻财政压力

财政"省直管县"后，尽管市级各部门可承担省相关部门委托的一些事项，但毕竟多数事项已由省直接承担，这样，市级的工作量将大大减少，特别是工作重心在县级政府一些部门，工作量减少更多，这也是财政"省直管县"后，各地不可回避的问题。

第四节
本章小结

本章主要分析我国财政"省直管县"改革的背景与实践。

从背景看，最初"省直管县"的实施主要是"市管县"的弊端逐渐显现。在这一过程中，各省份结合自身实际，纷纷推进各种形式的"省直管县"改革，主要包括"财政省直管县""经济省直管县""行政省直管县"。然而，"省直管县"改革在实践过程中也遇到了很多难题与障碍，一直难以有效推进。而相对于政治、行政及其他经济领域的"省直管县"改革，财政"省直管县"改革以其先天的便利条件，成为"省直管县"改革的突破口。

从发展历程看，财政"省直管县"主要经历了地方自行探索—中央统一部署—调整与完善三个阶段。在地方自主探索阶段，省以下财政体制的自主性比较大，省情的不同导致各省改革范围和力度差异较大；在中央统一部署阶段，各省财政"省直管县"改革在政府间收入划分、转移支付、资金往来、预决算、年终结算等方面有了基本遵循，在保持既得利益的基数上，进行增量改革；在调整与完善阶段，财政"省直管县"改革同预期不尽相同，出现持续深化和暂缓退出两种走向，前者结合事权和支出责任划分改革推进财政省直管县改革，后者取消或者变相停止"省直管县"改革的试点工作，通过"撤县设区"方式做强地级市。我们认为，在改革推进过程中，深入推进财政体制改革政策，要坚持一般与特殊相结合、省主管与市协助相结合、精简机构与加强监督相结合，统筹推进财政省直管县改革。

第四章

湖南省财政"省直管县"改革的内容与成效*

本章以财政"省直管县"的代表省份湖南省作为个案，重点介绍湖南省财政"省直管县"改革的时代背景、推进过程、主要内容，并简要定性分析改革对经济增长的影响和其他方面的效果，为后面章节实证分析做好基础。

第一节
湖南省财政"省直管县"改革的背景

湖南省地处中国中部，相对于浙江、江苏等其他省份，财政"省直管县"改革研究启动虽然较早，根据现有资料记载，早在 21 世纪初期，就已经着手研究相关事宜，其间湖南省财政厅多次向省委、省政府上报改革方案，但由于种种原因，真正启动改革相对于其他省份总体较为滞后。直到 2010 年，中共湖南省委、湖南省人民政府下发《关于完善财政体制推行"省直管县"改革的通知》，决定从 2010 年 1 月 1 日起，调整和完善省以下财政管理体制，推行财政"省直管县"改革，这也是湖南省继 1994

---

* 本章关于湖南省财政"省直管县"改革背景、内容的说明，充分借鉴引用了时任湖南省人民政府省长助理、财政厅厅长李友志在《全省财政体制改革市县工作布置会》等相关会议上的讲话内容。

年分税制改革后，又一次启动省以下财政体制重大调整，对财政、经济以及社会发展等方方面面都产生了广泛而深远的影响。从改革背景看，主要有以下两个方面。

一、改革的必要性

伴随 1994 年的分税制财政体制建立起来的省以下财政体制，为推动地方经济社会发展发挥了极为重要的作用。但是，随着经济转轨和社会转型的加快推进，与其他省份一样，该体制的局限性和弊端也在不断显现，已经成为影响全省经济社会发展和公共财政体系建设的体制性障碍，对相应体制进行调整和完善已经刻不容缓。

（一）有利于适应社会主义市场经济发展，推进依法治税，解决税收混库的突出问题

此次体制调整打破增值税、营业税等主体税种条块分配的格局，由原来主要按照行业划分的体系，改成省市县按比例分成，不仅有利于发挥市场在资源配置中的决定性作用，推动企业产权合理流动和统一市场的形成，而且有利于解决市场经济条件下企业频繁改制改组带来的收入混库等问题。

（二）有利于缓解县市财政困难，缩小区域财力差距，推进基本公共服务均等化

财政体制调整后，省级财政宏观调控能力一定程度上得到增强，有利于省级从更高层次调节地区间财力差异，推动全省经济社会协调发展和基本公共服务均等化。特别是对原来财政较为困难的地区，实现直接与省对接，更加有利于省里掌握情况，有针对性地采取帮扶措施。

（三）有利于壮大县域经济，统筹城乡发展，促进中心城区建设

改革赋予"省直管县"更多管理权限，项目申报直接到省，可以简化

财政管理层级，有利于政策和资金直达县市，提高运行效率。改革通过收入分享机制，鼓励县市加快经济发展，增加地方收入。改革也有利于中心城市减轻带县压力，放下对困难县市的帮扶包袱，可以集中人力物力财力发展区域中心城市，加快城镇化进程，增强辐射带动能力，从而更好地促进中心城市和县域协调发展。

二、改革的可行性

经过多年的酝酿和深入的调研，特别是 2009 年财政部文件的出台，推行财政"省直管县"改革的内外氛围已经形成，基础条件已经具备，改革面临着很多有利因素。

（一）中央有明确的部署要求

党中央、国务院在党的十七大报告、《关于推进农村改革发展若干重大问题的决定》以及 2009 年中央 1 号文件、2010 年政府工作报告等一系列重要文件中，均明确提出完善省以下财政体制、推行"省直管县"改革的要求。财政部明确要求各省尽快将粮食、油料、棉花、生猪生产大县全部纳入"省直管县"改革范围，于 2012 年底前在除民族自治地区外全面推进改革工作，这使原来还在犹豫、观望的省份决策速度显著加快。

（二）外省有相对成熟的经验

2010 年前，全国绝大部分省市已经完成新一轮财政体制调整，湖北、吉林、江苏等 20 多个省市已实行财政"省直管县"。经过几年的试点，外省有了很多可供湖南学习借鉴的成功经验和做法，这相应减少了湖南省探索的成本和面临的风险。

（三）省内有比较好的基础

进入 21 世纪以来，湖南省大力实施"一化三基"发展战略，经济社会取得长足发展，经济快速增长，财政实力显著增强。2009 年，面对金融危机冲击，湖南省 GDP 达到约 1.3 万亿元，同比增长 13.6%；全省财政总收入 1504.58 亿元，同比增长 14.5%。同时，省内快速增长的交通道路网络、财政部门金财工程网络和电子政务系统进一步健全，为财政体制改革提供了坚实的物质基础和良好的外部条件。

（四）前期做了充足的准备

不包括前期的酝酿和准备，从 2004 年湖南省政府部署体制改革工作，到 2009 年底湖南省委省政府正式批准改革方案，整个过程历时六年。其间，湖南省财政厅和相关部门为科学、合理制定方案做了大量精心、细致的工作，多次赴江西、安徽、吉林、福建等省调研，多次召开座谈会征求意见，反复对方案进行测算比较和修改完善。最后实行的方案，是经过科学论证决策、反复测算比选的相对最优结果，也是积极稳妥、切实可行的。

第二节
湖南省财政"省直管县"改革的主要内容

根据中共湖南省委、湖南省人民政府《关于完善财政体制推行"省直管县"改革的通知》，改革的基本原则、主要内容和配套政策如下。

一、改革的基本原则

（一）分税分享，统一规范

改变按企业行政隶属关系划分收入的办法，主要税种实行省与市州、县市按统一比例分别分享，进一步理顺政府间收入分配关系。

（二）存量不动，增量调整

在确保省、市、县各级政府现有既得财力的基础上，对今后新增收入形成的财力按比例进行调整。改革中重点对市县普遍关心的基数问题进行明确。

1. 关于收入基数的核定

市州收入基数核定。对此次重新明确收入级次的增值税、营业税、企业所得税、资源税、土地增值税及城镇土地使用税，以 2009 年 1 ~ 10 月的实际完成数推算 2009 年全年的完成数作为收入基数。对于收入混库、征收过头税、转移科目等导致收入不实的，经核实后相应调整收入基数。在此基础上，按照新体制确定的收入分享比例，将市州上划税收与省下划税收相抵后，市州上划税收大于省下划税收的差额部分由省作为基数返还市州，市州上划税收小于省下划税收的差额部分由市州作为基数上解省。

市县收入基数核定。各市（指设区市，下同）根据"省直管县"要求和基数核定原则，比照省与市州基数核定办法，将省核定的各市收入基数分解落实到市与县市（指省直管县市区，下同）。在此基础上，确定各市州、县市因改革形成的体制补助（上解）基数，经市与县市双方确认后报省核定。

非税收入不核定基数。

2. 补助基数核定

税收返还补助。以 2009 年财政结算中各市州、县市上划中央增值税、消费税（以下简称"两税"）返还数和所得税返还数，作为省对各市州、县市的税收返还基数。从 2010 年起，取消原按 0.1 系数集中各地的"两税"返还，省按上划中央"两税"增长比例的 1∶0.3 系数分别对市州、县市直接计算"两税"返还。2010 年计算上划中央"两税"增长比例时，将 2009 年各市州、县市上划中央"两税"实际完成数按照新体制进行转换，作为各市州、县市上划中央"两税"收入的基数，具体为：省独享企业上划"两税"全部作为省级上划中央收入，其他企业上划中央增值税由省与市州、县市分别按 25∶75 比例分摊，其他企业上划中央消费税作为市州、县市上划中央收入。市州、县市上划"两税"有增长的，相应增加"两税"返还，并列入下年度的返还基数；上划"两税"负增长的，相应扣减返还额，并减少下年度的返还基数。

一般性转移支付补助。省对市的一般性转移支付补助，已经明确列入到市和县市基数的，按 2009 年财政结算数确定基数；只明确列入市基数、没有明确到县市的，按 2009 年财政结算数分别确定市和县市的补助基数。市对县市的一般性转移支付补助，已明确列入补助基数的，按 2009 年市县财政结算数确定基数；没有列入补助基数，但属常年执行的，由市与县市按常年执行的补助数协商确认基数；没有列入补助基数，但明确了具体期限的，经市与县市协商确认后，由省通过结算办理。一次性补助不核定基数。

专项转移支付补助。省里已明确市级具体配套标准和比例的固定补助事项，按应配套资金数确定补助基数；其他相对固定、实质上已形成各县市经常性支出的专项转移支付，以 2009 年市有关指标文件（单）下达的补助数为依据，由市与县市协商确认补助基数；明确具体执行期限的专项转移支付，经市与县市协商确认后，由省通过结算办理。

3. 上解基数核定

市对省固定的原体制上解、专项上解等，按 2009 年财政结算数分别确定市对省和各县市对省的上解基数。县市对市固定的原体制上解、专项上解等，按 2009 年市与县市财政结算数核定上解基数。其他上解事项，经市与县市协商确认后，由省通过结算办理。一次性上解不核定基数。

4. 出口退税基数核定

市将原省确定到市的出口退税基数分解落实到市和各县市，经市与县市确认后报省核定；新下放的省属企业出口退税基数随增值税相应下放有关市县。2010 年起，出口退税超基数部分由中央、省、市州或县市按照 92.5 : 2.5 : 5 的比例负担，市县负担部分直接上解省。

5. 基数划转

各市州、县市的有关基数，由省审定批复并办理划转。县市原对市的上解调整为县市对省的上解，相应增加省对市的补助；市原对县市的补助调整为市对省的上解，相应增加省对县市的补助。

6. 基数考核

2010 年起，省对各市州、县市的增值税、营业税、企业所得税实行分税种考核，对达不到收入基数的市州、县市，省相应扣减其体制补助基数或增加其体制上解基数。

（三）利益共享，风险共担

各级政府共同分享经济发展成果，共同分担因经济形势和政策变化等带来的减收风险。

（四）精简高效，注重基层

改变现行的财政管理模式，推行财政"省直管县"，提高财政运行效率，财力向基层倾斜。

二、改革的主要内容

（一）实行"收入分享"改革

将增值税地方部分、营业税纳入分享范围，由省与市州或省与县市按比例分别分享；将企业所得税地方部分和个人所得税地方部分由省与市州分享调整为省与市州或省与县市按比例分别分享；调整资源税分享比例；原实行分享的土地增值税和城镇土地使用税下放市州、县市；其他财政收入省与市州、县市划分范围不变。

1. 增值税

湖南中烟工业有限责任公司及其附属独立核算企业中以卷烟生产、销售为主营业务的企业，湖南华菱钢铁集团有限责任公司及其附属独立核算企业中以钢铁和其他金属原料采供、冶炼、加工、销售为主营业务的企业或与上述主营业务直接关联的企业（企业名单见表4-1）缴纳的增值税，由中央、省按比例分享，具体分享比例为：中央75%、省25%；除所列企业之外的其他附属独立核算企业缴纳的增值税，由中央、省、市州或县市按比例分享，具体分享比例为：中央75%、省6.25%、市州或县市18.75%。今后通过投资或重组等方式新成立的企业缴纳的增值税，按上述原则确定收入级次。

表 4－1　　2010 年改革时明确中央与湖南省共享增值税、企业所得税企业名单

企业名称	所在地	增值税	企业所得税
湖南中烟工业有限责任公司	长沙市	√	√
湖南华菱钢铁集团有限责任公司	长沙市	√	√
湖南华菱钢铁贸易有限公司	长沙市	√	√
湖南华菱矿业投资有限公司	长沙市	√	√
湖南华菱钢铁股份有限公司	长沙市	√	√
湖南华菱钢铁集团财务有限公司	长沙市	√	√
湖南华菱光远铜管有限公司	长沙市	√	√
湖南华菱湘潭钢铁有限公司	湘潭市	√	√
湖南华菱湘钢检修工程有限公司	湘潭市	√	√
湘潭钢铁集团有限公司	湘潭市	√	√
湖南华菱线缆股份有限公司	湘潭市	√	√
湖南湘辉金属制品有限公司	湘潭市	√	√
湘潭瑞通球团有限公司	湘潭市	√	√
湖南湘钢鑫通炉料有限公司	湘潭市	√	√
湖南湘钢紧固件有限公司	湘潭市	√	√
湖南湘钢冶金炉料有限公司	湘潭市	√	√
湖南瑞和冶金石灰有限公司	湘潭市	√	√
衡阳华菱连轧管有限公司	衡阳市	√	√
衡阳华菱钢管有限公司	衡阳市	√	√
衡阳钢管集团国际贸易有限公司	衡阳市	√	√
湖南衡阳钢管（集团）有限公司	衡阳市	√	√
衡阳科盈钢管有限公司	衡阳市	√	√
衡阳华菱钢管现货有限公司	衡阳市	√	√
衡阳鸿腾石油管材有限公司	衡阳市	√	√
湖南华菱涟源钢铁有限公司	娄底市	√	√
湖南华菱涟钢进出口有限公司	娄底市	√	√
湖南华菱涟钢薄板有限公司	娄底市	√	√
湖南涟钢钢材加工配送有限公司	娄底市	√	√
涟源钢铁集团有限公司	娄底市	√	√
湖南涟钢冶金材料科技有限公司	娄底市	√	√

续表

企业名称	所在地	增值税	企业所得税
湖南涟钢机电设备制造有限公司	娄底市	√	√
涟钢新达实业有限公司	娄底市	√	√
湖南涟钢环保科技有限公司	娄底市	√	√
湖南双菱矿业发展有限公司	娄底市	√	√
湖南涟钢双菱发展有限公司	娄底市	√	√
湖南煤化新能源有限公司	娄底市	√	√
湖南华菱洞口矿业有限公司	邵阳市	√	√
中国移动通信集团湖南有限公司			√
2002 年财政部确定的跨省市总分机构企业及其所属企业			
中国人民保险公司			√
中国人寿保险公司			√
中国平安保险公司			√
中国太平洋保险公司			√
华泰人寿保险股份有限公司			√
中国再保险公司			√
深圳发展银行			√
交通银行			√
招商银行			√
兴业银行			√
中国光大银行			√
上海浦东发展银行股份有限公司			√
中国民生银行			√
广东发展银行			√
华夏证券有限公司			√
国泰君安证券股份有限公司			√
南方证券有限公司			√
申银万国证券股份有限公司			√
大鹏证券有限责任公司			√
联合证券有限责任公司			√
海通证券有限公司			√

续表

企业名称	所在地	增值税	企业所得税
湘财证券有限责任公司			√
中信证券股份有限公司			√
银河证券有限公司			√
国通证券有限责任公司			√
西南证券有限责任公司			√
中国移动通信集团公司			√
中国吉通网络通信股份有限公司			√
中国联合通信有限公司			√
中国联通有限公司			√
武汉钢铁集团公司			√
攀枝花钢铁集团公司			√
鞍山钢铁集团公司			√
神华集团有限责任公司			√
中国华能集团公司			√
中国第一汽车集团公司			√
中国东方电气集团公司			√
中国新型建筑材料公司			√
中国远洋运输（集团）总公司			√
中国外运集团公司			√
中国化工进出口总公司			√
中国海运（集团）总公司			√
中国长江航运集团总公司			√
中国工艺进出口总公司			√
中国五金矿进出口总公司			√
国家电力公司			√
中国华北电力集团公司			√
中国西电集团公司			√
中国葛洲坝水利水电工程集团公司			√
中国国际航空公司			√
中国北方航空公司			√

续表

企业名称	所在地	增值税	企业所得税
中国南方航空股份有限公司			√
中国西北航空公司			√
中国西南航空公司			√
中国东方航空股份有限公司			√
中国国际信托投资公司			√
中国电信集团公司			√
大兴安岭林业集团公司			√
中国水产集团总公司			√

其他增值税由中央、省、市州或县市按比例分享,具体分享比例为:中央75%、省6.25%、市州或县市18.75%。

2. 营业税

铁路运营环节缴纳的营业税,除中央级收入外,其余为省级收入。铁路及相关配套设施设计、施工、监理等环节缴纳的营业税,为省级收入。高速公路及相关配套设施设计、施工、监理等环节缴纳的营业税,为省级收入。其他营业税,由省与市州或县市按比例分享,具体分享比例为:省25%、市州或县市75%。

3. 企业所得税

湖南中烟工业有限责任公司及其附属具有法人资格企业中以卷烟生产、销售为主营业务的企业,湖南华菱钢铁集团有限责任公司及其附属具有法人资格企业中以钢铁和其他金属原料采供、冶炼、加工、销售为主营业务的企业或与上述主营业务直接关联的企业(企业名单见表4-1)缴纳的企业所得税,由中央、省按比例分享,具体分享比例为:中央60%、省40%;除所列企业之外的其他附属具有法人资格企业缴纳的企业所得税,由中央、省、市州或县市按比例分享,具体分享比例为:中央60%、省12%、市州或县市28%。今后通过投资或重组等方式新成立的企业缴纳的企业所得税,按上述原则确定收入级次。

跨省市总分机构企业缴纳的企业所得税,实行"统一计算、分级管理、就地预缴、汇总清算、财政调库"。2002年实行所得税分享改革时，财政部确定的跨省市总分机构企业及所属企业（企业名单见表4-1）缴纳的企业所得税，由中央和省按比例分享，具体分享比例为：中央60%、省40%。其他跨省市总分机构企业缴纳的企业所得税，由中央、省、市州或县市按比例分享，具体分享比例为：中央60%、省12%、市州或县市28%。

中央财政调库分配给湖南省的跨省市总分机构企业所得税，为省级收入。

省内跨市州、跨县市总分机构企业缴纳的企业所得税，实行"统一计算、分级管理、就地预缴、汇总清算"，由中央、省、市州或县市按比例分享，具体分享比例为：中央60%、省12%、市州或县市28%。

中国移动通信集团湖南有限公司及其分支机构企业所得税实行汇总缴纳，由中央、省按比例分享，具体分享比例为：中央60%、省40%。

其他企业所得税，由中央、省、市州或县市按比例分享，具体分享比例为：中央60%、省12%、市州或县市28%。

4. 个人所得税

由中央、省、市州或县市按比例分享，具体分享比例为：中央60%、省12%、市州或县市28%。

5. 资源税

资源税由省与市州或县市按比例分享，具体分享比例为：省25%、市州或县市75%。

6. 其他税收

土地增值税、城镇土地使用税、房产税、城市维护建设税、印花税、车船税、烟叶税、耕地占用税、契税等税收收入，为市州或县市收入。

7. 非税收入

包括政府性基金收入、专项收入、行政事业性收费收入、罚没收入、国有资本经营收入、国有资源（资产）有偿使用收入、其他收入等。非税收入级次按中央、省非税收入征收管理相关文件规定确定。

罚没收入原则上按执法部门（机关）行政隶属关系确定收入级次。其中检察机关、审判机关罚没收入按立案机关级次划分收入级次。例如,省检察机关立案,委托市州或县市检察机关办案所取得的罚没收入,为省级收入。

各级税务部门、银行国库和财政部门在办理财政收入征收,进行财政收入统计时,预算科目统一按财政部制定的《政府收支分类科目》执行。

8. 收入缴库问题

(1)增值税。中央、省共享的增值税,由负责征管的税务机关征收,按中央、省的分享比例,就地分别缴入中央和省国库。中央、省、市州或县市共享的增值税,由负责征管的税务机关征收,按中央、省、市州或县市的分享比例,就地分别缴入中央、省、市州或县市国库。总分机构企业的分支机构应纳的增值税,原则上在分支机构所在地缴纳,按中央、省、市州或县市的分享比例,就地分别缴入中央、省、市州或县市国库。由于核算体制等原因暂不能在分支机构所在地全额缴纳增值税的,可按"当地预缴、总机构汇缴"方式缴纳。

(2)营业税。铁路运营环节缴纳的营业税,由负责征管的税务机关征收,属于中央级收入的,就地缴入中央国库;属于省级收入的,就地缴入省国库。铁路及相关配套设施设计、施工、监理等环节缴纳的营业税,由负责征管的税务机关征收,就地缴入省国库。高速公路及相关配套设施设计、施工、监理等环节缴纳的营业税,由负责征管的税务机关征收,就地缴入省国库。其他营业税,由负责征管的税务机关征收,按省、市州或县市的分享比例,就地分别缴入省、市州或县市国库。

(3)企业所得税。湖南中烟工业有限责任公司、湖南华菱钢铁集团有限责任公司及其所属具有法人资格企业,在省内分摊预缴的企业所得税,按中央、省分享比例,就地分别缴入中央和省国库。跨省市总分机构企业应根据核定的应纳税额,分别由总机构、分支机构按月或按季就地预缴(二级以下分支机构由二级分支机构汇总计算)。

——分支机构分摊预缴的企业所得税。总机构在每月或每季终了之后起十日内,按照以前年度各省市分支机构的经营收入、职工工资和资产总额三个因素,将统一计算的企业当期应纳税额的50%在各分支机构之间进行分摊，各分支机构根据分摊税款就地办理缴库。2002年实行所得税分享改革时，财政部确定的跨省市总分机构企业的分支机构缴纳的企业所得税，按中央、省分享比例，就地分别缴入中央和省国库。其他所有在湖南省的跨省市总分机构企业的分支机构缴纳的企业所得税，按中央、省、市州或县市分享比例，就地分别缴入中央、省、市州或县市国库。

——总机构就地预缴的企业所得税。总机构将统一计算的企业当期应纳税额的25%，就地办理缴库，2002年实行所得税分享改革时，财政部确定的跨省市总分机构企业的总机构所缴纳的企业所得税，按中央、省分享比例，就地分别缴入中央和省国库。其他所有在湖南省的跨省市总分机构企业的总机构缴纳的企业所得税，按中央、省、市州或县市分享比例，就地分别缴入中央、省、市州或县市国库。

——总机构预缴中央国库的企业所得税。总机构将统一计算的企业当期应纳税额的剩余25%，就地全额缴入中央国库，所缴纳税款收入60%为中央收入，40%由财政部根据各省市实际分享企业所得税占地方分享总额的比例定期向各省市分配。中央财政调库分配的这部分收入，省国库收款后，全额办理省级收入入库。

省内跨市州、跨县市总分机构企业，统一计算的当期应纳所得税额，分别由总机构，二级、三级分支机构按月或按季就地预缴（二级、三级分支机构分别计算预缴，三级以下并入三级）。

——分支机构分摊预缴的企业所得税。总机构在每月或每季终了之后起十日内，按照以前年度各市州、县市分支机构的经营收入、职工工资和资产总额三个因素，将统一计算的企业当期应纳税额的60%在各分支机构之间进行分摊，各分支机构根据分摊税款，按中央、省、市州或县市分享比例，就地分别缴入中央、省、市州或县市国库。

各分支机构间按其经营收入、职工工资和资产总额三个因素进行分摊预缴，权重依次为0.35、0.35、0.30。当年新设立的分支机构第二年起参与分摊，当年撤销的分支机构第二年起不参与分摊。

——总机构就地预缴的企业所得税。总机构应将统一计算的企业当期应纳税额的40%，就地办理缴库，所缴纳税款收入按中央、省、市州或县市分享比例，就地分别缴入中央、省、市州或县市国库。

中国移动通信集团湖南有限公司及其分支机构缴纳的企业所得税，按中央、省分享比例，在总部所在地汇总分别缴入中央和省国库。

其他企业所得税，按中央、省、市州或县市分享比例，就地分别缴入中央、省、市州或县市国库。

（4）个人所得税。由负责征管的税务机关征收，按中央、省、市州或县市的分享比例，就地分别缴入中央、省、市州或县市国库。

（5）资源税。由负责征管的税务机关征收，按省、市州或县市的分享比例，就地分别缴入省、市州或县市国库。

（6）其他税收。由负责征管的税务机关征收，就地分别缴入市州或县市国库。

（7）非税收入。非税收入由法定的征收管理机构和执收部门（单位）征收，按照规定的收入级次就地缴入省、市州或县市非税收入汇缴结算户或直接缴入国库、财政专户。

（8）税款滞纳金、罚款收入。中央和省级共享税税款滞纳金、罚款收入，按中央和省分享比例，就地分别缴入中央和省国库。中央、省、市州或县市共享税税款滞纳金、罚款收入，按照中央、省、市州或县市分享比例，就地分别缴入中央、省、市州或县市国库。市州或县市独享税税款滞纳金、罚款收入，就地分别缴入市州或县市国库。

9. 关于退库处理问题

政策性因素需要办理的税收退库，按中央、省、市州或县市各级分享比例，从《政府收支分类科目》规定的预算科目中办理收入退库。税收技术性退库，一律按《关于完善财政细则 推行 "省直管县" 改革的通知》规定的收入级次，从入库的预算科目中办理收入退库。非税收入退库，按相关文件规定的收入级次，从入库的预算科目中办理收入退库。

需要说明的是，2010年后，中央又推行多次税收制度改革，如营业税改征增值税改革。根据中央部署，湖南省相应对省、市、县税收分成机制进行了调整，现行税收分享体制如表4-2所示。

表4-2　　　　　　　　　湖南省现行税收分享体制　　　　　　单位：%

税　种	分享比例		
	中央	省	市/县
一、关税、消费税、车辆购置税、船舶吨税、证券交易印花税	100		
二、增值税			
1. 海关代征的进口环节增值税	100		
2. 湖南中烟工业公司缴纳的增值税	50	50	
3. 其他增值税	50	12.50	37.50
三、改征增值税			
1. 各银行总行、各保险总公司集中缴纳的改征增值税，铁道部集中缴纳的铁路建设基金改征增值税，铁路运营环节改征增值税，高速公路和铁路设计、施工、监理环节产生的改征增值税	50	50	
2. 其他改征增值税	50	12.50	37.50
四、企业所得税			
1. 国家邮政、中农工建四大银行、国家开发银行、中国农业发展银行、中国进出口银行及海洋石油企业缴纳的所得税	100		
2. 湖南中烟工业公司、财政部确定的跨省市总分机构企业、铁道部集中缴纳的铁路运输和跨省合资铁路企业所得税	60	40	
3. 其他企业所得税	60	12	28
五、个人所得税	60	12	28
六、资源税			
1. 海洋石油企业缴纳的资源税	100		
2. 其他资源税		25	75
七、城市维护建设税			
1. 各银行总行、各保险总公司集中缴纳的城市维护建设税，成品油价格和税费改革提高成品油消费税税额后相应增加的城市维护建设税	100		
2. 其他城市维护建设税			100
八、城镇土地使用税、环境保护税		30	70
九、房产税、印花税（除证券交易印花税）、土地增值税、车船税、耕地占用税、契税、烟叶税			100

注：2019年12月5日，湖南省财政厅印发《关于开展省级税收收入下放试点有关事项的通知》，从2020年1月1日起，在长沙市开展省级共享税收收入下放试点，将增值税、企业所得税、个人所得税、资源税、城镇土地使用税、环境保护税等省与长沙市共享税收省级分享部分下放长沙市。

（二）支出划分

根据省与市州、县市事权划分，按照公共财政的要求，合理确定省与市州、县市的支出划分。

省财政支出主要包括：省级一般公共服务支出，省级负担的公共安全、教育、科技、文化、医疗卫生、社会保障、环境保护、城乡社区事务、农林水事务、交通运输等各项支出。

市州、县市财政支出主要包括：市州、县市一般公共服务支出，市州、县市负担的公共安全、教育、科技、文化、医疗卫生、社会保障、环境保护、城乡社区事务、农林水事务、交通运输等各项支出。

（三）推行财政"省直管县"改革

改原来的"省管市州、市州管县市"财政管理体制为"省管市州、省直管县市"的财政管理体制。除城市区、湘西自治州所辖县市、长沙市所辖长沙县和望城县①以外，其余 79 个县市区全部纳入省直管范围（见表 4-3）。改革后，市与县市在财政管理体制上相互独立，县市财政体制直接与省财政联系，也就是说，今后县市由省里直接核定收入计划，下达财政资金，进行资金调度，办理财政结算，收入划解与债务还贷也直接和省里办理。

表 4-3　　　　　湖南省财政"省直管县"名单（79 个）

市州	"省直管县"
长沙市	浏阳市、宁乡县
株洲市	株洲县、醴陵市、攸县、茶陵县、炎陵县
湘潭市	湘潭县、湘乡市、韶山市
衡阳市	衡南县、衡阳县、衡山县、衡东县、常宁市、祁东县、耒阳市
邵阳市	邵东县、新邵县、隆回县、武冈市、洞口县、新宁县、邵阳县、城步县、绥宁县
岳阳市	汨罗市、平江县、湘阴县、临湘市、华容县、岳阳县

---

① 2011 年，望城县撤县设区，改为望城区。

续表

市州	"省直管县"
常德市	津市市、安乡县、汉寿县、澧县、临澧县、桃源县、石门县
张家界市	慈利县、桑植县
益阳市	沅江市、南县、桃江县、安化县
永州市	东安县、道县、宁远县、江永县、江华县、蓝山县、新田县、双牌县、祁阳县
郴州市	资兴市、桂阳县、永兴县、宜章县、嘉禾县、临武县、汝城县、桂东县、安仁县
娄底市	冷水江市、双峰县、涟源县、新化县
怀化市	沅陵县、辰溪县、溆浦县、麻阳县、新晃县、芷江县、中方县、洪江市、洪江区、会同县、靖州县、通道县

注：2017 年，撤销宁乡县，设立县级宁乡市。2018 年，株洲县撤县改区，改为渌口区，财政"省直管县"体制改为过渡期体制，5 年内保持不变，5 年后改为城市区财政体制。2019 年，撤销邵东县，设立县级邵东市。2021 年，撤销祁阳县，设立县级祁阳市。

1. 财政体制

以 2009 年为基期年，对改革前市与县市的各类收入划分、补助（上解）、税收返还等基数，按照保既得利益的原则，经市与县市双方协商确认后，由省财政统一办理划转。改革后市与县市在财政管理体制上相互独立，设区市不再分享所属县市收入和新增集中县市财力。

2. 转移支付

省对下转移支付补助（含一般性转移支付和专项转移支付）由省财政厅或省财政厅会同省直有关部门直接分配下达到市州、县市。

3. 资金调度

各市州、县市国库直接对中央、省报解财政收入，省财政直接确定各市州、县市的资金留解比例和资金调度。

4. 债务管理

2009 年底以前的国际金融组织贷款、外国政府贷款、国债转贷资金和中央、省财政有偿资金等，到期后由市州、县市直接归还省财政。2010 年起，新增债务由市州、县市财政直接向省财政办理有关手续并还款。

5. 收入计划

省国税局、省地税局、省非税局等收入征管部门，按照国家有关政策，根据全省和市州、县市经济发展目标，将收入任务分别直接下达到市州、县市。

6. 财政结算

各类财政结算事项一律通过省财政与各市州、县市统一办理。

7. 继续加大对湘西自治州的支持力度

根据民族区域自治法的规定，省对湘西自治州仍实行省管州、州管县市的财政管理体制，同时省对湘西自治州继续给予重点支持和照顾。

（四）建立配套措施

在实施"收入分享"和"省直管县"改革的同时，出台相关配套政策，主要包括四个方面：一是加大对困难地区的支持力度。省财政因调整财政体制集中的收入增量，主要用于减免财政困难县市、国家和省扶贫开发重点县及少数民族县的财政体制上解，增加对财政困难县市的转移支付补助。二是调整省对市县的"两税"返还比例。调增市县"两税"返还系数，省财政不再按0.1系数集中市县的"两税"返还。三是建立促进优势地区和县域经济加快发展的激励机制。省财政建立激励型转移支付制度，对税收收入增长较快、贡献较大的优势地区根据其贡献大小给予挂钩奖励。同时加大"五奖二补"政策实施力度。鼓励市继续支持县域经济发展。四是继续加大对湘西自治州的支持力度。今后，除与新体制有冲突的政策外，其他优惠政策继续执行，而且倾斜照顾的力度不断加大，如省将因体制改革集中的收入增量予以全额返还；在减免老体制上解方面，将予以优先考虑，等等。

（五）关于特殊问题的处理

1. 收入分享方面

（1）关于中烟公司、华菱集团附属企业界定的问题。中烟公司和华菱集团附属企业众多，涉及行业广泛，其中华菱集团省内附属企业接近70家，涵盖钢铁冶炼加工、商品销售和投资保险等多个领域。根据改革领导小组会议确定的原则，省里将两家公司以烟草、钢铁产销等作为主营业务，或与主营业务直接关联的附属企业缴纳的增值税和企业所得税，由中央和省按比例分享，其他附属企业下放市县，由中央、省、市州或县市共同分享。今后，两家公司通过投资或重组等方式新成立的附属企业，也按上述原则确定收入级次。

（2）关于新办企业税收级次的问题。对一些市级政府发挥很大作用的税收分享，县市新办招商引资项目，改革领导小组研究明确严格按省委3号文件执行，体制上不开口子，市级不得从县域企业分享收入。同时，对市里前期已经付出很大成本、改革后竣工投产的个别特大项目，市级要求得到相应弥补和回报的，由市县双方协商确定具体的利益分配办法，报省财政认定后，年终通过结算办理。

（3）关于坐落在县市的原市级企业税收级次的问题。部分市反映市里对这类企业发展支持很大，希望能够继续分享其税收。按照省委3号文件确定的属地原则，这些企业今后的税收属县级收入，市级不能再分享增量。从市级来说，收入基数将通过省财政予以划转，既得利益有保证；从全市来说，企业本身坐落在县里，将收入下放给县，在保持经济发展总体格局不变的基础上，既促进所辖县域经济做大做强，也增强县里支持企业发展的动力；从改革大局来说，这样处理维护了政策的统一性和规范性。

（4）关于库区县要求分享水电企业税收的问题。水电企业增值税地方部分原是省级收入，改革后下放企业所在地，按属地原则管理。由于部分水电企业所在地和库区淹没地不同，一些库区县认为自己为修建电站作出了巨大贡献和牺牲，改革后应参与水电企业税收分享。但体制改革只能遵循统一规定，库区县不参与水电企业收入分享。一方面，这部分收入增量的空间不大。水电企业所在地虽然因改革增加一块收入，但也要向省里上解收入基数，且水电企业收入受上网电价、装机容量和自然条件等因素限制，是相对稳定的，弹性较小，增量极为有限。另一方面，中央和省对库区县专门给予照顾。例如，设立专门支持库区经济社会发展的大中型水库移民后扶基金、大中型水库库区基金和小型水库移民扶助基金，对移民发放口粮补贴，对滑坡体移民建房给予补助等。今后，对库区县的特殊困难，省财政通过转移支付给予照顾。

（5）关于电力、烟草、石化等行业税收分配及经营性高速公路营业税分配问题。部分县市反映电力、烟草、石化、盐业等行业公司地点在市级，县里设立营业网点，但实行的是报账制，分享不到增值税收入。部分有高速公路的县市反映经营性高速公路营业税归属不明，要求分享。对于这两个问题，省国税局、地税局都已经明确规定，对电力、烟草、石化、盐业等行业增值税按销售额在市县之间进行分配；对经营性高速公路营业税按公路里程在各地进行分配。

2. 配套政策方面

（1）关于奖补政策的问题。"奖"的基本思路是通过采取与增收挂钩的奖励措施，促进形成各级政府共同培植财源、共同发展经济的合力，激励发达地区、优势地区加快发展。"补"的措施主要表现为：省里因体制调整多分享的收入增量，主要用于对欠发达市县的转移支付补助；对市州上划"两税"返还收入，省里不再集中。而且，省财政还适当调减财政困难县、国贫县、省贫县和民族县的老体制上解（指分税制改革前的老体制上解）。老体制上解湖南省对中央的上解，中央一直没有取消。此次湖南省决心自己拿钱消化，但需要一个过程，不可能一下全额取消，只能根据财力情况逐步解决。省因体制改革新增集中的财力全部用于市县。

（2）关于规范政策性支出事项财政负担机制的问题。除法律法规规定外，原则上不再承担对"省直管县"的新增配套任务。据此，湖南省专题研究，并出台规范办法。实行分级负担的新增支出，对"省直管县"，由省县两级配套；对非"省直管县"，由省市县三级配套。整体而言，在很多民生支出政策配套方面，省里拿"大头"，切实减轻市县负担。

3. 业务管理方面

（1）关于资金调度的问题。从2010年5月开始，省财政直接对14个市州本级和79个"省直管县"进行资金调度，市与"省直管县"之间不再发生资金结算关系。为了平稳过渡，湖南省财政厅采取两项措施：一是暂时取消按老体制测算执行的资金预留比例，严格按收入级次入库。二是按照确保工资发放和重点民生支出的原则，综合考虑当地库款、支出进度等因素测算资金调度数，每月调度一次，对抗旱、防汛、救灾等突发性事件，实行紧急调度。此后，省里按新体制确定市县基数，并明确资金预留比例，确定正常的资金调度数额。市对所辖"省直管县"安排的资金，原则上通过省财政办理资金结算，但对企业、个人安排的少量资金，可以直接拨付，列市级支出。

（2）关于农场管理区业务管理的问题。当时，湖南省还有一些农场管理区，不是独立的行政区划，市里对其实行单列、直接管理，但在人口、面积等指标统计方面，有的又是合并在相邻县市反映。湖南省财政厅专门研究农场管理区的财政管理问题，对财政体制、转移支付、资金调度、财政结算等事项作出规定，并明确省对下分配转移支付时，凡涉及农场管理区的，将其人口、面积等因素从相邻县市中拆分，并入市级统一计算分配。在向中央申报争取项目资金时，可将人口、面积等并入相邻县市。

（3）关于"农业城市区"均衡性转移支付等资金分配方式的问题。一些原农业大县，因行政区划调整改为了城市区，但实质上仍以农业生产为主。实行"省直管县"后，这些区担心今后省里在分配均衡性转移支付等资金时会改变方式，自己所得补助不如以前。对此，湖南省于改革前便将均衡性转移支付等财力性补助资金直接计算分配到县市区，改革后将维持这些资金分配管理的方式不变，而且加大扶持力度。

（六）湖南财政省直管县的调整与深化

为进一步完善省与市县收入划分办法，调动市县发展产业、培植财源的积极性，推动经济财政高质量发展，2019 年经省人民政府同意，湖南省财政厅、国家税务总局湖南省税务局、人民银行长沙中心支行联合印发《关于开展省级税收收入下放试点有关事项的通知》，明确从 2020 年 1 月 1 日起，在长沙市开展省级共享税收收入下放试点。

1. 试点范围

此次省级共享税收下放试点地区为长沙市，包括长沙市本级及所辖区（含长沙县，下同）、浏阳市和宁乡市。按照现行财政管理体制相关规定，原省与长沙市本级及所辖区共享税收省级分享部分下放长沙市本级，长沙市本级与所辖区税收收入划分办法由长沙市本级确定；原省与浏阳市、宁乡市共享税收的省级分享部分分别下放浏阳市、宁乡市。

2. 下放收入规模

在收入征管环节，将增值税等省与市县共享税收省级分享部分下放市县，调整为市县收入，实行"属地征管、属地入库"。

（1）增值税及营业税尾欠。分享比例由现行的中央50%、省12.5%、市县37.5%调整为中央50%、市县50%。

（2）企业所得税、个人所得税。分享比例由现行的中央60%、省12%、市县28%调整为中央60%、市县40%。

（3）资源税。分享比例由现行的省25%、市县75%调整为市县100%。

（4）城镇土地使用税、环境保护税。由现行的省30%、市县70%调整为市县100%。

房产税、印花税、城市维护建设税、土地增值税、车船税、耕地占用税、契税、烟叶税等继续作为市县固定收入。湖南中烟工业有限责任公司及其附属独立核算企业中以卷烟生产、销售为主营业务的企业缴纳的增值税，铁路、高速公路及相关配套设施设计、施工、监理等环节和铁路运营环节缴纳的增值税，湖南中烟工业有限责任公司及其附属具有法人资格企业中以卷烟生产、销售为主营业务的企业缴纳的企业所得税及财政部确定的跨省市总分机构企业缴纳的企业所得税等，继续按现行财政体制由中央和省分享。

3. 上解对应财力

在财政结算环节，将省级共享税收下放后市县形成的财力上解省级，保持省与市县财力格局不变。为保持省与市县财力格局不变，根据市县当年地方税收收入完成决算数，按照省与市县共享税收下放前省级分享比例，将下放后市县形成的财力上解省级，通过省与市县年终结算办理。

4. 缴库和退库

（1）下放市县的税收收入（含税款滞纳金、罚款收入）以及补缴以前年度的税收收入，一律按本通知规定的收入级次和现行缴库办法办理。

（2）政策性因素需要办理的税收退库以及技术性退库，按本通知规定的收入级次，从《政府收支分类科目》规定的预算科目中办理收入退库，其中，退还2020年以前年度税收收入时，因执行本通知规定造成市县多承担的部分，由省财政在结算环节予以弥补。

→ 第三节
湖南省财政"省直管县"改革的主要成效

一、有效激发县域经济活力，直管县经济增长显著快于非直管县

（一）GDP增长更快

非直管县主要为城市区，发展基础好于直管县，2009年，44个非直管县人口、国土面积仅占全省24.66%、17.32%，但GDP占全省48.85%。改革后，直管县经济高速发展，2018年，79个直管县GDP达到19005亿元，相比2009年年均增长12.42%，比非直管县高0.46个百分点；占全省GDP的52.17%，占比份额提高0.92个百分点（见表4-4）。

表4-4 　　　　　　2009年和2018年直管县与非直管县GDP变化

地区	2009年		2018年		
	总量（亿元）	份额（%）	总量（亿元）	年均增长（%）	份额（%）
直管县	6627	51.25	19005	12.42	52.17
非直管县	6303	48.75	17421	11.96	47.83
差距	324	2.5	1584	0.46	4.34

资料来源：根据2009年和2018年《湖南统计年鉴》整理。

44个非省直管县中，2009～2018年GDP平均增速超过全省县域经济平均水平的只有15个，占比34.1%。79个省直管县中超过平均水平的有37个，占比46.8%，从占比情况可以看出，省直管县相对于非直管县，有更高比例县市区实现更高速度的增长（见表4-5、表4-6）。

表 4-5　　　44 个非省直管县 2009~2018 年 GDP 增长情况　　单位：亿元

序号	县市区	2009年	2010年	2011年	2012年	2013年	2014年	2015年	2016年	2017年	2018年	增长倍数
1	长沙县	514.9	630.1	789.9	880.1	976.0	1100.6	1200.0	1263.3	1432.7	1509.3	2.93
2	望城区	193.4	243.0	327.4	374.9	427.5	469.8	520.4	582.2	614.7	671.4	3.47
3	雨花区	724.7	827.6	1030.6	1168.8	1300.3	1429.7	1600.0	1618.4	1700.2	1340.7	1.85
4	芙蓉区	499.0	585.1	698.4	798.0	868.1	940.2	1000.0	1159.8	1240.3	1326.7	2.66
5	天心区	341.8	400.6	464.2	528.1	591.7	642.8	700.8	777.7	898.3	1009.0	2.95
6	岳麓区	350.1	421.1	546.7	631.6	716.7	774.0	818.7	912.3	1010.2	1120.2	3.2
7	开福区	334.5	393.4	472.5	532.2	600.7	661.8	722.0	816.9	926.8	1045.2	3.12
8	天元区	100.5	132.8	179.6	200.2	221.1	248.1	268.4	301.1	310.7	374.6	3.73
9	芦淞区	132.3	158.0	199.9	224.5	253.2	282.3	309.5	327.7	363.7	380.7	2.88
10	荷塘区	102.8	123.9	155.8	169.4	176.0	190.5	203.1	212.2	213.6	219.4	2.13
11	石峰区	185.4	233.3	265.7	282.3	306.7	336.1	347.3	335.3	286.1	301.6	1.63
12	雨湖区	56.6	71.2	302.1	387.4	456.4	501.8	545.0	592.5	655.8	610.3	区划调整，不可比
13	岳塘区	64.0	71.8	384.5	386.4	430.4	472.1	500.4	530.7	578.4	600.1	区划调整，不可比
14	南岳区	14.0	16.8	20.0	22.9	25.8	28.9	32.1	36.2	38.8	43.6	3.11
15	珠晖区	90.1	109.8	135.1	149.7	165.4	184.9	205.8	228.6	244.5	261.8	2.9
16	雁峰区	71.9	88.5	117.4	152.0	178.3	202.1	217.0	238.6	236.9	261.1	3.63
17	石鼓区	55.7	68.2	81.6	92.3	104.5	117.2	141.8	156.7	173.3	194.7	3.5
18	蒸湘区	86.3	105.4	129.0	146.0	161.9	177.2	191.5	210.0	214.8	219.0	2.54
19	双清区	56.1	67.3	81.6	93.2	104.6	117.4	128.2	139.0	151.4	166.9	2.97
20	大祥区	53.7	65.1	80.6	92.0	103.9	116.3	127.5	139.5	153.6	171.5	3.19
21	北塔区	13.6	16.6	20.7	23.2	25.7	28.6	31.2	33.7	36.7	39.2	2.88
22	岳阳楼区	108.7	128.8	504.2	583.2	644.0	712.6	800.3	858.8	882.5	970.1	区划调整，不可比
23	君山区	51.4	63.1	77.6	84.9	93.2	102.9	112.7	122.6	130.4	143.5	2.79
24	云溪区	55.3	67.4	208.1	273.1	294.5	289.7	301.7	285.0	299.6	328.4	区划调整，不可比
25	武陵区	434.0	533.3	668.3	770.5	855.6	1024.9	1100.0	1183.2	1301.7	1416.8	3.26
26	鼎城区	125.9	149.6	179.3	199.6	213.0	238.5	261.3	288.4	308.8	340.8	2.71
27	永定区	84.2	100.2	122.5	139.0	150.2	168.4	182.7	202.1	223.7	235.9	2.8
28	武陵源区	19.7	23.5	28.6	32.9	35.8	40.9	44.8	50.8	56.0	59.7	3.03
29	零陵区	87.6	105.5	128.7	144.7	159.7	179.8	192.3	208.6	211.3	229.3	2.62

续表

序号	县市区	2009年	2010年	2011年	2012年	2013年	2014年	2015年	2016年	2017年	2018年	增长倍数
30	冷水滩区	98.8	118.5	144.2	161.2	176.6	197.4	216.8	242.5	259.6	283.3	2.87
31	北湖区	143.5	170.2	205.9	232.0	263.9	296.0	325.7	360.0	389.1	422.0	2.94
32	苏仙区	112.4	144.0	179.1	202.7	225.3	251.8	270.9	298.1	301.4	320.6	2.85
33	娄星区	166.6	207.4	253.7	291.6	323.1	350.7	370.9	409.5	460.2	503.4	3.02
34	吉首市	62.1	71.3	86.3	96.3	104.1	110.8	122.8	136.5	153.4	167.6	2.7
35	泸溪县	30.4	37.1	47.7	48.8	47.5	52.6	53.6	53.8	56.3	58.2	1.91
36	凤凰县	29.8	34.4	41.6	46.8	54.1	61.4	69.8	74.3	77.7	81.0	2.72
37	花垣县	47.6	48.3	54.5	59.1	58.3	60.0	59.7	60.4	67.4	62.2	1.31
38	保靖县	30.4	33.1	37.3	40.9	35.9	39.8	44.5	48.0	52.1	56.6	1.86
39	古丈县	9.2	10.7	12.9	14.9	17.2	19.8	22.1	23.7	25.0	25.8	2.79
40	永顺县	26.9	30.9	37.3	41.4	46.6	51.1	57.5	61.3	65.0	69.4	2.58
41	龙山县	32.5	37.7	43.7	49.3	55.1	61.6	67.4	72.9	78.7	83.7	2.58
42	鹤城区	127.2	145.6	178.2	220.0	248.2	264.0	286.5	317.7	345.6	385.2	3.03
43	资阳区	53.5	64.0	80.5	93.7	104.3	116.9	127.4	144.7	162.4	176.5	3.3
44	赫山区	177.8	142.3	272.8	321.3	355.2	396.6	426.3	481.0	524.4	566.9	3.19

资料来源：根据 2009~2018 年《湖南统计年鉴》整理。

表 4-6　　　　　79 个省直管县市 2009~2018 年 GDP 情况　　　　单位：亿元

序号	县市区	2009年	2010年	2011年	2012年	2013年	2014年	2015年	2016年	2017年	2018年	增长倍数
1	浏阳市	418.8	556.8	702.2	811.1	924.3	1012.8	1100.0	1218.2	1305.0	1342.1	3.2
2	宁乡市	367.6	489.6	637.9	732.5	835.0	910.2	1000.0	1098.4	1093.9	1113.7	3.03
3	醴陵市	211.8	265.7	338.1	395.5	442.1	488.4	531.6	573.2	601.4	611.2	2.89
4	渌口区	63.4	77.1	69.1	79.6	89.6	102.2	115.6	127.2	136.0	136.4	2.15
5	攸县	138.5	173.8	218.1	251.5	282.5	313.6	341.0	370.3	378.5	347.0	2.51
6	茶陵县	67.4	82.1	101.7	115.9	129.4	144.6	157.4	174.0	170.8	185.5	2.75
7	炎陵县	22.8	28.7	36.3	42.5	48.8	55.3	61.4	67.5	69.3	75.2	3.29
8	湘潭县	148.5	172.1	195.8	227.3	260.0	294.1	329.8	364.3	392.0	446.5	3.01
9	湘乡市	135.1	161.8	202.4	231.7	265.7	299.8	328.6	365.6	394.3	445.9	3.3
10	韶山市	25.6	30.8	39.4	49.6	57.6	64.7	70.5	77.8	84.9	94.4	3.69
11	衡南县	126.7	153.9	184.8	210.2	229.9	252.5	287.9	317.1	323.0	330.4	2.61
12	衡阳县	128.9	154.8	188.0	215.0	239.0	263.3	291.4	318.8	332.9	348.1	2.7
13	衡山县	57.7	68.9	85.0	97.2	107.3	119.0	134.9	150.6	161.4	174.6	3.03

续表

序号	县市区	2009年	2010年	2011年	2012年	2013年	2014年	2015年	2016年	2017年	2018年	增长倍数
14	衡东县	102.5	124.0	151.7	174.1	193.2	213.4	236.4	262.8	278.8	284.3	2.77
15	常宁市	119.5	143.1	175.2	198.9	221.7	244.9	269.6	296.7	311.1	331.9	2.78
16	祁东县	116.8	130.5	158.3	177.2	196.5	218.3	240.0	266.2	272.0	275.9	2.36
17	耒阳市	195.0	240.1	292.9	302.1	321.4	355.9	389.9	430.1	422.1	432.5	2.22
18	邵东县	121.8	161.1	202.2	229.0	254.3	283.0	310.1	340.2	381.6	430.5	3.54
19	新邵县	49.1	59.0	75.3	85.9	94.9	106.5	116.6	127.2	132.1	145.3	2.96
20	隆回县	62.5	75.5	93.3	105.1	112.2	126.1	140.1	154.5	168.5	186.4	2.98
21	武冈市	53.1	62.0	79.3	90.5	95.4	107.1	119.4	132.1	137.1	149.2	2.82
22	洞口县	58.7	70.8	90.1	102.9	113.3	125.7	137.4	151.1	158.3	172.2	2.94
23	新宁县	36.4	43.3	53.1	60.6	67.2	75.4	84.1	93.0	100.2	110.3	3.03
24	邵阳县	53.2	65.3	81.1	90.3	99.4	111.3	122.8	132.8	142.1	156.2	2.93
25	城步县	16.0	18.7	23.2	25.7	27.3	30.1	33.5	36.4	38.2	41.7	2.61
26	绥宁县	33.2	40.7	50.2	56.6	62.3	69.0	75.0	81.4	87.7	93.0	2.8
27	汨罗市	136.3	164.9	259.9	295.5	329.0	365.1	397.6	431.7	422.5	464.2	3.41
28	平江县	97.6	117.0	143.2	164.4	183.4	198.8	217.0	239.1	257.8	286.6	2.94
29	湘阴县	129.4	158.7	195.7	232.6	260.2	292.0	310.7	338.9	304.9	331.8	2.56
30	临湘市	96.0	115.5	140.9	159.7	179.0	197.7	213.6	233.2	231.6	266.6	2.78
31	华容县	134.1	165.3	203.9	216.5	240.7	265.6	280.0	305.2	312.5	344.4	2.57
32	岳阳县	110.6	135.6	166.1	189.7	211.7	237.6	260.9	286.5	297.3	328.0	2.97
33	津市市	52.6	63.7	77.7	87.1	97.0	106.7	115.3	133.7	143.4	158.2	3.01
34	安乡县	83.7	101.6	120.2	124.3	128.3	135.1	146.0	159.5	175.0	193.0	2.31
35	汉寿县	98.4	116.5	139.7	157.9	180.8	200.9	222.0	253.3	274.1	297.7	3.03
36	澧县	126.5	150.3	181.2	203.2	226.2	252.5	278.5	311.1	323.2	358.0	2.83
37	临澧县	66.3	78.3	92.9	103.5	116.3	127.9	139.4	156.6	162.6	178.2	2.69
38	桃源县	126.6	149.5	175.8	196.0	221.5	250.8	275.1	311.5	331.8	368.7	2.91
39	石门县	103.2	122.2	146.1	162.9	180.8	193.8	211.4	239.9	251.8	278.2	2.7
40	慈利县	66.8	80.4	101.1	113.8	123.9	138.1	151.6	165.8	182.1	192.2	2.88
41	桑植县	32.9	39.5	48.6	56.2	60.6	67.9	74.1	81.7	90.9	96.7	2.94
42	沅江市	99.4	123.2	152.8	176.0	195.1	217.7	232.6	255.5	285.5	309.9	3.12
43	南县	88.5	87.9	136.8	155.7	172.4	192.3	208.9	231.5	247.7	262.3	2.96
44	桃江县	89.3	106.5	131.2	151.6	168.4	188.1	203.2	227.4	250.8	271.7	3.04
45	安化县	75.1	88.5	111.7	132.3	146.5	162.8	175.0	196.3	214.4	233.5	3.11
46	东安县	69.9	83.7	102.7	115.0	127.2	138.6	152.2	165.1	168.8	186.9	2.67

续表

序号	县市区	2009年	2010年	2011年	2012年	2013年	2014年	2015年	2016年	2017年	2018年	增长倍数
47	道县	66.0	79.2	98.0	110.3	123.6	138.7	153.1	171.8	182.1	202.5	3.07
48	宁远县	53.1	63.6	79.0	89.8	100.5	109.3	120.9	136.0	149.7	166.2	3.13
49	江永县	23.7	29.0	35.6	40.1	44.5	47.5	52.3	58.4	63.5	70.0	2.95
50	江华县	39.4	47.0	57.6	65.6	73.6	84.7	94.2	102.9	112.7	125.4	3.18
51	蓝山县	39.0	47.0	58.8	66.3	73.5	81.1	88.6	98.2	108.1	121.2	3.11
52	新田县	29.7	34.0	42.4	47.8	52.9	57.6	63.0	69.9	77.9	86.1	2.9
53	双牌县	22.5	27.3	33.5	37.3	40.7	46.5	50.4	53.4	58.7	64.2	2.86
54	祁阳县	107.2	128.6	158.8	177.1	196.5	218.7	240.0	263.9	277.8	307.7	2.87
55	资兴市	119.7	156.1	196.7	222.6	247.4	277.1	298.2	326.6	331.0	346.7	2.9
56	桂阳县	123.0	158.4	200.0	230.2	256.5	289.8	313.9	347.3	355.8	376.0	3.06
57	永兴县	109.6	151.8	188.8	213.8	237.7	266.8	287.4	317.8	325.8	340.6	3.11
58	宜章县	53.4	68.2	92.1	104.6	147.2	166.7	181.7	200.1	219.2	231.2	4.33
59	嘉禾县	53.9	67.9	85.0	96.1	106.9	118.5	127.6	140.6	142.1	151.3	2.81
60	临武县	46.2	58.9	72.3	81.9	90.4	100.3	108.5	140.1	144.1	153.5	3.32
61	汝城县	20.5	26.3	33.3	37.6	41.9	46.8	51.4	56.8	61.4	65.3	3.19
62	桂东县	11.5	13.7	17.3	19.6	21.9	24.5	27.7	30.8	34.4	36.9	3.2
63	安仁县	27.6	34.3	43.8	49.4	60.2	69.8	75.0	83.1	89.7	94.6	3.43
64	涟源市	105.5	123.9	155.7	183.4	206.8	223.1	240.5	263.7	264.3	290.6	2.76
65	冷水江市	125.0	148.9	182.6	212.4	236.4	253.6	268.2	288.1	258.4	267.9	2.14
66	双峰县	83.3	97.8	126.4	152.2	170.7	184.2	199.5	219.2	212.2	233.6	2.8
67	新化县	84.5	98.5	123.9	149.4	168.7	187.0	202.5	223.8	227.0	251.1	2.97
68	沅陵县	78.9	95.4	119.3	141.6	155.8	164.0	163.0	177.1	155.7	158.9	2.01
69	辰溪县	43.7	53.1	65.9	77.6	86.9	92.5	99.4	108.5	105.9	118.4	2.71
70	溆浦县	60.4	69.5	88.0	103.1	114.4	114.8	125.8	139.2	143.1	156.4	2.59
71	麻阳县	27.0	32.3	40.8	47.4	53.4	58.1	64.0	70.9	76.1	81.3	3.01
72	新晃县	19.1	25.1	31.8	37.8	42.4	45.4	49.4	54.2	51.9	57.5	3
73	芷江县	39.8	47.7	60.3	69.9	78.8	83.2	90.7	99.7	90.7	99.8	2.51
74	中方县	37.5	48.8	61.9	73.3	81.9	86.1	91.8	101.3	107.2	113.6	3.03
75	洪江市	41.1	49.4	62.5	73.6	82.4	89.2	97.8	107.3	116.0	124.4	3.03
76	洪江区	19.9	25.1	31.5	35.5	35.6	29.5	31.4	34.3	30.5	33.4	1.68
77	会同县	26.0	31.0	39.0	45.8	51.5	55.6	60.8	67.8	72.0	79.1	3.04
78	靖州县	29.4	34.4	43.1	50.1	56.2	62.1	68.0	74.8	79.9	88.4	3.01
79	通道县	15.5	18.2	22.8	26.5	29.5	31.2	34.0	37.4	40.1	43.6	2.81

资料来源：根据 2009~2018 年《湖南统计年鉴》整理。

同时，为增强可比性，对经济基础、区位条件、资源禀赋等条件相近的怀化市与湘西州、宁乡市与长沙县两组地区作进一步对比分析发现，同样存在直管县快于非直管县的趋势。2009～2018 年，怀化市所辖直管县 GDP 年均增长 11.37%，高于湘西州 2.41 个百分点；宁乡市 GDP 年均增长 14.31%，高于长沙县 1.62 个百分点（见表 4 - 7、表 4 - 8）。

表 4 - 7　　　　　2009 年、2014 年和 2018 年怀化与湘西所辖县市 GDP 对比

项目	2009 年	2014 年		2018 年	
	总量（亿元）	总量（亿元）	年均增长（%）	总量（亿元）	年均增长（%）
怀化市	438.21	911.43	15.77	1154.8	11.37
湘西州	201.81	347.08	11.45	436.81	8.96
差距	236.4	564.35	4.32	717.99	2.41

资料来源：根据 2009 年、2014 年和 2018 年《湖南统计年鉴》整理。

表 4 - 8　　　　　2009 年、2014 年和 2018 年宁乡市与长沙县 GDP 对比

项目	2009 年	2014 年		2018 年	
	总量（亿元）	总量（亿元）	年均增长（%）	总量（亿元）	年均增长（%）
宁乡市	367.58	910.23	19.88	1224.45	14.31
长沙县	514.9	1100.58	16.41	1509.3	12.69
差距	- 147.32	- 190.35	3.47	- 284.85	1.62

资料来源：根据 2009 年、2014 年和 2018 年《湖南统计年鉴》整理。

（二）固定资产投资增长更快

改革后，省级项目直接分配到县，直管县可以更加便利、更加直接获得省级项目支持，极大促进了直管县固定资产投资增长，这也是直管县经济增长更快的主要原因。2018 年，79 个直管县完成固定资产投资 17853.43 亿元，相比 2009 年，年均增长 17.59%，比非直管县高 2.93 个百分点（见表 4 - 9）。

表 4 - 9　　　　　2009 年和 2018 年直管县与非直管县固定资产投资变化

项目	2009 年	2018 年	
	总量（亿元）	总量（亿元）	年均增长（%）
直管县	4153.63	17853.43	17.59
非直管县	3621.47	12400.73	14.66
差距	532.16	5452.70	2.93

资料来源：根据 2009 年和 2018 年《湖南统计年鉴》整理。

邻近市县固定资产投资增速也表现出类似趋势。2009～2018 年，怀化市所辖直管县固定资产投资年均增长 16.42%，高于湘西州 6.05 个百分点。

（三）地方收入增长更快

2018 年，79 个直管县地方收入达到 705.9 亿元，相比 2009 年，年均增长 13.91%，比非直管县高 0.35 个百分点。两者占全省地方收入份额差距由 2009 年 2.05% 提高到 2018 年 2.62%，增加 0.57 个百分点（见表 4 - 10）。

表 4 - 10　　　　　2009 年和 2018 年直管县与非直管县地方收入变化

项目	2009 年		2018 年		
	总量（亿元）	份额（%）	总量（亿元）	年均增长（%）	份额（亿元）
直管县	218.33	25.84	705.90	13.91	24.68
非直管县	201.04	23.79	630.97	13.56	22.06
差距	17.29	2.05	74.93	0.35	2.62

资料来源：根据 2009 年和 2018 年《湖南统计年鉴》整理。

二、有效增强县级保障能力，基本公共服务更加均等

改革后，湖南省建立县级基本财力保障机制，构建向困难地区倾斜的转移支付制度，明确市级不再参与县级新增部分分成，提高基层保障水平，促进基本公共服务均等化。

（一）可用财力增速显著快于非直管县

2018 年，79 个直管县可用财力合计 2177.58 亿元，是 2009 年的 4.37 倍，年均增长 17.8%，快于非直管县 1.75 个百分点。人均可用财力 4508 元，是 2009 年的 4.68 倍，年均增长 18.71%，快于非直管县 5.23 个百分点；人均财力差距由 2009 年 585 元缩小到 2018 年 326 元（见表 4 - 11）。说明省级财力性转移支付进一步向困难地区倾斜，向省直管县倾斜，财政转移支付均衡效应明显。

表 4 – 11　　　　　　2009 年和 2018 年直管县与非直管县财力情况变化

项目	2009 年		2018 年		年均增长	
	可用财力（亿元）	人均可用财力（元）	可用财力（亿元）	人均可用财力（元）	可用财力（%）	人均可用财力（%）
直管县	498.69	964	2177.58	4508	17.8	18.71
非直管县	261.89	1549	999.59	4834	16.05	13.48
差距	236.8	− 585	1177.99	− 326	1.75	5.23

资料来源：根据 2009 年和 2018 年《湖南财政收支决算报表》整理。

（二）财政支出增速明显高于非直管县

2018 年，79 个直管县一般公共预算支出合计 3411 亿元，是 2009 年的 3.87 倍，年均增长 16.27%；人均一般公共预算支出 7100 元，是 2009 年的 4.16 倍，年均增长 16.33%。相比非直管县，十年间直管县一般公共预算支出年均增速差距由 2009 年的 0.15% 缩小至 2018 年的 0.06%（见表 4 – 12、表 4 – 13），人均一般公共预算支出差距由 652 元缩小到 400 元，基本公共服务均等化效果明显。

表 4 – 12　　　　2009 年和 2018 年直管县与非直管县一般公共预算支出情况

项目	2009 年	2018 年	
	总量（亿元）	总量（亿元）	年均增长（%）
直管县	882	3411	16.27
非直管县	399	1557	16.33
差距	483	1854	− 0.06

资料来源：根据 2009 年和 2018 年《湖南财政收支决算报表》整理。

表 4 – 13　　　　2009 年和 2018 年直管县与非直管县人均一般公共预算支出情况

项目	2009 年	2018 年	
	人均支出（元）	人均支出（元）	年均增长（%）
直管县	1707	7100	17.16
非直管县	2359	7500	13.72
差距	− 652	− 400	3.44

资料来源：根据 2009 年和 2018 年《湖南财政收支决算报表》整理。

邻近市县可用财力和财政支出变化也有类似趋势。2009～2018 年，怀化所辖县市可用财力年均增长 18.22%，比湘西自治州快 0.74 个百分点（见表 4-14）；宁乡市可用财力年均增长 19.04%，比长沙县快 0.26 个百分点（见表 4-15）。

表 4-14　　2009 年、2014 年和 2018 年怀化与湘西所辖县市可用财力对比

项目	2009 年	2014 年		2018 年	
	总量（亿元）	总量（亿元）	年均增长（%）	总量（亿元）	年均增长（%）
怀化市	50.68	143.73	23.18	228.54	18.22
湘西州	31.79	81.99	20.86	135.48	17.48
差距	18.98	61.74	2.32	93.06	0.74

资料来源：根据 2009 年、2014 年和 2018 年《湖南财政收支决算报表》整理。

表 4-15　　2009 年、2014 年和 2018 年宁乡市与长沙县可用财力对比

项目	2009 年	2014 年		2018 年	
	总量（亿元）	总量（亿元）	年均增长（%）	总量（亿元）	年均增长（%）
宁乡市	13.64	46.27	27.67	65.47	19.04
长沙县	25.03	82.22	26.85	117.76	18.78
差距	-11.39	35.95	0.82	52.29	0.26

资料来源：根据 2009 年、2014 年和 2018 年《湖南财政收支决算报表》整理。

三、有效提升管理水平，财政运行效率显著提高

新体制压缩管理层级，有效提高财政收支划分、资金往来和结算效率。

（一）项目申报更直接

省级项目直接批复下达到直管县，减少市州二次竞争、审批和调剂环节，大大提高了项目报批速度。同时，湖南省财政厅积极推进以县级为平台统筹整合资金，也增强了县级对项目的把控能力。调研中，直管县和省直单位普遍反映，相比过去，项目申报更能结合当地实际，更具有针对性

和可行性。

（二）资金调度更快捷

湖南省财政厅配套建立电子公文传输系统和资金直拨系统，省对县指标文和资金实时到达县级。同时，改变过去资金调度从省到市再到县模式，省财政直接掌握县级国库资金使用和需求情况，直接调度和调拨资金，增强了县级财政保障能力。直管县普遍反映，资金能调度到县，是省财政对县级财政最大的支持措施之一。

（三）运行管理更高效

省厅文件、会议、培训等直接到县级，直管县能更及时、全面了解省财政信息，对财政政策的理解和掌握更加到位。建立市县财政绩效考核制度，出台《关于进一步加强和规范县级财政管理的若干意见》，进一步加强县级财政运行管控。

第四节
湖南省财政"省直管县"改革的主要经验

湖南省财政"省直管县"改革取得较为显著的成绩，基本达到促进县域经济增长、缓解县级财政困难两大主要目标。总结湖南省财政"省直管县"改革的过程，有几点经验可以在下一步深化改革中充分借鉴。

一、改革计划要周密稳妥

财政体制改革事关全局、事关长远、事关各级各地切身利益，是一项复杂的系统工程，必须整体规划、分步推进。为稳妥、有序地推进改革，湖南省在推进改革过程中，采取较为稳妥的分阶段推进方式，在每个阶段都总结情况和问题，研究提出下一阶段思路。大致分为三个阶段：第一阶段主要任务是制定出台具体实施办法，加强改革日常宣传和业务培训。第二阶段主要任务是继续制定出台改革相关办法，逐市逐县核定划转收支基数。第三阶段主要任务是"回头看"，全面梳理和总结改革工作，并根据新体制运行中比较突出、带有共性的问题，适时进行微调与完善。

二、制度建设要先行先建

建立各项改革制度是保障改革顺利实施的前提和基础。改革启动后，湖南以《关于完善财政体制推行"省直管县"改革的通知》为纲领，配套推出"1+8"组合文件方案，在收入管理、基数核定、国库管理、非税收入分成、财政监督管理等具体办法的基础上，出台加强专项资金管理的意见，明确财政"省直管县"后专项资金管理与分配方式，进一步规范省直各部门专项资金的管理；出台支持县域经济发展的奖补办法，明确对优势地区的挂钩奖励和促进县域经济发展的激励机制。这些制度办法为推进改革奠定了坚实基础。

三、特殊问题要妥善处理

启动财政"省直管县"改革后，湖南省市县政府和财政部门认真学习和研究改革方案，提出很多意见和建议，并结合当地实际反映一些特殊问题。对市县提出的意见、建议和问题，湖南省财政厅在不突破《关于完善财政体制推行"省直管县"改革的通知》原则的前提下，采取不同措施、通过不同途径寻找合理的解决办法，既统一政策，不因个别特殊问题破坏体制的统一性，又兼顾各方利益，最大限度获得各方认同。例如，当时为协调解决桃花江核电站、娄底市市级企业利益分享问题，湖南省财政厅与省国税局、地税局组成专门调研组，分别赴娄底、益阳实地考察调研，宣讲政策，积极引导市县充分协商、合理解决双方的利益分歧。经协调，娄底、益阳两地市县在有关利益分享上基本达成一致意见。

四、宣传培训要系统全面

财政"省直管县"改革涉及很多管理技术的调整，财税系统干部对改革精神的把握、社会各界对改革的理解支持都至关重要。为此，湖南省在启动改革后，开展大规模的宣传培训，一是组织召开省直部门工作布置会，对省直部门协同推进改革进行再动员、再部署，进一步统一省直部门思想认识，为改革的顺利推进奠定良好基础。二是财政、国税、地税、人民银行等与改革直接相关的部门分别举办业务培训班，在各自系统进行大规模培训，全面提高对改革的理解和执行能力。三是全省财政系统召开体制改革工作布置会，详细说明改革实施方案和重点特殊问题的解决办法。同时，利用报刊、广播电视、内外网站、工作简报等多种媒介，全方位宣传改革的意义和进展情况，深入解读改革政策，赢得社会各界的理解和支持，形成改革良好氛围。

五、存量基数要精准核算

收支基数核定是改革的重点和难点所在，也是最繁复、最敏感的工作，涉及各个方面的实际利益，不可避免会引发一些矛盾和问题。对这些矛盾和问题的处理，严格遵循《关于完善财政体制推行"省直管县"改革的通知》的原则和精神，对明确规定的事项，坚持全省一盘棋、一个政策，不因个别地方、个别行业或个别企业的特殊问题开口子，影响改革大局。对确有特殊问题严重影响市县正常运转的，省财政通过体制外的办法予以解决。同时，认真倾听市县意见，指导、协调市县正确处理基数核定中的矛盾和问题：一是要求双方算动态账、算长远账，共同把目光、心思放到长远发展上，用发展的办法解决发展过程中的问题。二是要求双方尊重事实、互谅互让。一方面，要求县级理解省市，正确看待改革中的利益得失，认识到这次改革的最大受益者还是县级；另一方面，要求市级关心体谅县级，在利益划分上给予县级更多的让渡和支持。

六、专项资金管理要完善方式

一是加紧清理制度文件。严格按照新体制的要求，认真抓好各项政策落实和工作衔接，抓紧清理和修订有关管理制度与办法，对不符合"省直管县"财政体制规定和要求的制度办法，该修订完善的抓紧修订完善，该废止的废止。二是适时调整项目申报流程。对县级项目的申报审批程序，体制改革初期暂没做硬性要求，不搞"一刀切"，根据工作需要和实际情况，分类确定项目申报审批程序。三是进一步规范资金分配机制。资金分配办法尽可能科学合理，明确资金分配因素采集要有规范的渠道，资金分配结果要经得起审计和检查，也要按要求公开，便于分配对象查询和核对，切实提高资金分配的科学性，减少随意性，体现公平性，减少市县跑项目争资金的时间，让市县把主要精力放在抓好项目实施、提高资金使用效益上。

七、要加强财政资金监管

实行财政"省直管县"后，省级管理范围大幅度增加，资金监管难度显著加大。为此，湖南省采取了一系列措施：一是按照财政"省直管县"要求，完善资金管理制度，加强绩效考评，真正从制度上管好、用好财政资金。二是加强省级监管力量，整合监管机构职能，提高监管人员业务素质。三是注重发挥市级监管作用。赋予市级日常监管职责，要求市级对县市各类报表资料进行汇总、审核和上报，监督检查县市资金的管理和使用情况。四是充分利用现代信息技术强化资金监管，建立健全财政资金监管网络平台，动态监管资金的分配、拨付、使用情况。

八、要理顺市县财政关系

实行财政"省直管县"后，市县两级财政从原来的隶属关系变成平行关系，正确处理好新的市县财政关系，对新体制正常运转十分重要。为此，湖南省一方面引导市级财政继续履行好职责。改革后，并非所有财政工作都由省管到县，湖南省财政厅继续赋予市级财政对县市财政业务指导、工作衔接和监督管理等职能，县级财政很多方面的工作是省市共管，而不是省级独管。同时，鼓励市级继续对县市给予支持，共同推动县域经济社会持续快速发展。另一方面督促县级财政主动接受市级财政的业务指导和监督管理，配合市级做好报表报送、指标对账等工作，争取市级支持。

九、充分运用信息化手段

实行财政"省直管县"后，省里工作量明显增加。为此，湖南省积极利用现代信息科技改善管理，更多地利用视频会议系统、网络通信系统、电子公文传输系统等现代信息技术，提高工作效率。同时，加强基础数据库建设，全面掌握直管县市的基本情况，加强对县市基础数据的归集、整理，建立起县市基础数据库，为资金分配提供客观准确、真实完备的信息资料。

➡ 第五节
本章小结

本章以湖南省财政"省直管县"改革实践为例，重点介绍财政"省直管县"改革主要内容、主要成效及其经验做法，主要围绕基数核定、划转、考核、收入分享、缴库退库、支出划分、部分特殊问题的处理等作出详细说明。通过实地调研方式，阐述"省直管县"在经济增长、保障能力、管理水平等方面取得的成效，并经过分析得出，财政"省直管县"县域经济发展活力、固定资产投资、地方收入增长明显快于"非省直管县"，但这种增长效应呈现出"前快后慢、边际效应下降"趋势，即2009～2018年，前5年改革红利集中释放，后5年随着经济下行压力加大及政府债务管控加强,"省直管县"经济增长放缓速度快于"非省直管县"。同时,采取从一般到特殊的方法,提炼总结湖南省财政"省直管县"改革九个方面的经验做法。

第五章

财政"省直管县"经济增长效应的实证分析

第一节
计量模型

一、双重差分模型

在考察财政省直管县改革对地区经济发展的综合影响时，考虑到这一改革所具有的政策实验性质，我们利用双重差分法（Difference-in-Difference，DID），将财政省直管县改革看作一项准自然实验，构建如下形式的双重差分基准模型：

$$y_{it} = \alpha + \beta_1 did_{it} + \gamma control_{it} + \varphi_i + \lambda_i + \varepsilon_{it} \tag{5.1}$$

其中，i 和 t 分别表示县和年份。模型的被解释变量 y_{it} 为地区经济发展，本章首先利用省级 CPI 进行调整的县域 GDP 增长率（$ggdp$）度量。在后面的稳健性检验中，我们还进一步采用了基于影像校正方法的夜间灯光亮度变动率来代表地区经济发展水平。did_{it} 是模型的核心解释变量，即财政省直管县改革虚拟变量，它是改革（$treat_i$）与改革时点（$time_t$）的交互项，$did_{it} = treat_i \times time_t$。当 i 县是改革县时，$treat_i$ 取 1，否则取 0；在改革时点 t 之前，$time_t$ 取 1，否则取 0。因此，did_{it} 的取值为，当 i 县

在 t 年实行了改革，则第 t 年及之后年份都取值为 1，否则取值为 0。$control_{it}$ 是一组控制变量，包括：人均 GDP 对数值（$lnpergdp_{it}$）、人口密度（$popdensity_{it}$）、劳动力增长率（$glabour_{it}$）、第二与第三产业增加值占 GDP 的比重（$structure_{it}$）、城镇化率（$urbanrate_{it}$）、扩权强县政策虚拟变量（$strongcounty_{it}$）。其中，扩权强县政策虚拟变量主要是为了"扩权强县"政策可能产生的影响。上述控制变量都有可能对于地区经济发展产生影响，因而需要进行捕捉上述影响并进行控制。φ_i 刻画了不随时间变化的县级政府个体固定效应，λ_t 刻画了不随个体变化的时间固定效应，ε_{it} 代表随机扰动项，为了避免残差的异方差和序列自相关对估计的干扰，我们将残差聚合到县级层面。

二、中介效应模型

由前面的影响机理和路径可知，财政"省直管县"改革可能会通过收入分权竞争激励和支出分权竞争激励这两种路径来对地区经济发展产生影响。为了进一步考察财政分权竞争激励和经济分权竞争激励的影响及其在决定财政"省直管县"改革效应中的作用，我们拟采用如下中介效应检验思路：首先，分别以收入分权竞争激励中介变量和支出分权竞争激励中介变量作为模型（5.1）中的被解释变量，进而构建模型（5.2），以此验证财政"省直管县"改革是否导致了收入分权竞争激励和支出分权竞争激励；其次，通过在模型（5.1）中引入收入分权竞争激励中介变量和支出分权竞争激励中介变量作为额外的解释变量，构建模型（5.3），考察这两种竞争激励方式对地区经济发展的影响差异，进而识别它们在决定财政"省直管县"改革效应中的作用。

$$m_{it} = \alpha + \beta_2 did_{it} + \gamma control_{it} + \varphi_i + \lambda_t + \varepsilon_{it} \qquad (5.2)$$

$$y_{it} = \alpha + \beta_3 did_{it} + \delta m_{it} + \gamma control_{it} + \varphi_i + \lambda_t + \varepsilon_{it} \qquad (5.3)$$

其中，对于收入分权竞争激励变量，根据前文的影响机理分析，财政省直管县改革所导致收入分权竞争激励主要体现在县级政府可支配财力的提升，因此，我们选取县级可支配财力①与 GDP 的比例来代表收入分权竞争激励的程度，同时，在稳健性检验中，还选取了县级本级财政收入与 GDP 的比例来作为替代指标。对于支出分权竞争激励变量，考虑财政"省直管县"改革所导致的支出分权竞争激励主要体现在辖区内固定资产投资的扩大，因此，笔者选取了本地区投资率（固定资产投资额/GDP）来代表支出分权竞争激励的程度。此外，还选取了规模以上新企业数量这一指标，从吸引企业进入本地的视角来作为替代指标。

在进行具体的中介效应检验中，如果模型（5.2）中的 did 估计系数 β_2 和模型（5.3）的中介变量 m 估计系数 δ 都显著，则表明收入分权竞争激励和支出分权竞争激励的间接效应显著，如果模型（5.3）中的 did 估计系数 β_3 低于模型（5.3）中估计系数 β_1 的绝对值，或变得不再显著，则表明直接效应也显著，且存在明显的中介效应。

➡ 第二节
样本选择与数据说明

从样本地区的选择来看，基于对于湖南省 9 个市州、20 个县市财政"省直管县"改革的实地调研情况，本章选择湖南省县（包括县级市，下同）作为分析单元。湖南省于 2010 年发布了《关于完善财政体制推行"直管县"改革的通知》，决定从 2010 年起对省以下财政体系进行改革和完善，并针对除湘西自治州所辖县市及长沙县、望城县之外的 79 个县市区开展"省直管县"改革，核心内容是财政体制、转移支付、资金调度、债务管理、收入计划、财政结算"六个直接到县"，直管县与市级财政由管理关系变成平行关系，使"省直管县"拥有较大的财政自主权。之所以选择湖南省来作为本章开展准自然实验的研究样本，主要有如下三个方面原

---

① 此处的县级政府可支配财力主要是两个来源，即县本级自有财政收入与获得的上级转移支付收入。当某一年份县级财政可支配财力数据缺失时，用当年县级财政总支出来近似代替。

因：一是湖南省自 2010 年实施财政"省直管县"改革至今，政策内容和"省直管县"的个数都一直保持稳定，可以避免渐进改革及不同政策方向可能造成的"改革错觉"。同时，湖南省选择的改革直管县既有经济较为发达的宁乡县、浏阳市，也有经济较落后的桑植县、慈利县、溆浦县等。上述情况表明湖南省财政"省直管县"的选取没有受到地区经济发展因素的主要影响，可以避免样本选择偏误及内生性问题，符合双重差分法适用的前提条件，因而是一个较合适的准自然实验观察样本。二是本章侧重考察财政省直管县改革通过以分权竞争激励对地区经济发展的影响，从我国实际情况来看，受到同一省份内地方政府开展官员晋升锦标赛的影响，通常县级政府的同级竞争对象是以本省范围内的其他县级政府为主（贾俊雪和宁静，2015），同一省份内的县级政府之间竞争相较于跨省份的县级政府竞争要更加显著。因此，本章主要聚焦于处于同一省份改革背景下的县级政府分权竞争激励效应。三是利用湖南省样本进行研究，可以降低样本数据中因制度、文化、习俗等社会因素差异产生的异质性，减少估计偏差。当然，为了进一步控制单独一个省份的财政与经济特征对于检验结果的影响，本章后续还选择了东部地区的山东省和西部地区的贵州省来开展异质性检验。

具体而言，本章样本集合为湖南省 89 个县（市）2007～2017 年共计 11 年的面板数据，观测点共为 979 个，通过上述样本来评估财政省直管县改革对地区经济发展的影响。设置湖南省财政实施"省直管县"改革的 79 个县（市）为处理组，未实施财政"省直管县"改革的 10 个县（市）为控制组，并将 2010 年视为实施政策时间点。在本章后面的异质性检验中，我们还进一步选取了东部地区山东省的 80 个县（市）、西部地区贵州省的 75 个县（市）来作为新的样本地区。从数据来源来看，本章所构建的模型中各变量数据均来自历年《中国县（市）社会经济统计年鉴》、各省《区域统计年鉴》及各省的区县统计公报。具体模型各变量的描述性统计如表 5-1 所示。

表 5 - 1　　　　　　　　　　变量的描述性统计

变量	平均值	标准差	最小值	最大值
GDP 增长率（ggdp）	0.1118	0.0750	-0.2951	0.4933
财政省直管县改革虚拟变量（did）	0.6456	0.4786	0	1
人均 GDP 对数值（lnpergdp）	9.6776	0.5820	8.3478	11.5763
城镇化率（urbanrate）	0.3829	0.1158	0.1713	0.8921
人口密度（popdensity）	305.8181	148.2844	87.9370	858.5421
劳动力增长率（glabour）	0.0435	0.0787	-0.4629	0.4373
第二、第三产业增加值/GDP（structure）	0.7862	0.0862	0.4936	0.9658
扩权强县政策虚拟变量（strongcounty）	0.0398	0.1957	0	1
固定资产投资额/GDP（investrate）	0.6698	0.3450	0.0915	2.4517
可支配财力/GDP（finrate）	0.2059	0.1130	0.0339	0.7359

→ 第三节
财政"省直管县"改革对地区经济发展的影响效应检验

一、事前平行趋势检验

采用双重差分法进行政策评估，需要满足一个重要的识别约束条件，即在省直管县改革前，处理组和控制组样本应具有相似的特征，满足事前平行趋势假设。为此，我们通过图 5 - 1 给出了 2007 ~ 2017 年湖南省改革直管县样本和非直管县样本实际 GDP 增长率均值的变化趋势。从图 5 - 1 可以看出，在 2010 年实施财政省直管县改革之前，两类样本实际 GDP 增长率的均值变化趋势基本保持一致，且直管县（处理组）样本的实际 GDP 增长率的均值在此期间一致高于非直管组（控制组）样本。而在实施财政省直管县改革之后，两类样本的变化趋势才开始发生分化，且 2010 ~ 2014 年直管县（处理组）样本的实际 GDP 增长率均值一直超过了非直管县（控制组）样本。上述说明，本章选取的处理组和控制组满足双重差分的事前平行趋势假设，并且 2010 年后两类县的实际 GDP 增长率变化趋势的差异性很可能与财政省直管县改革有关。

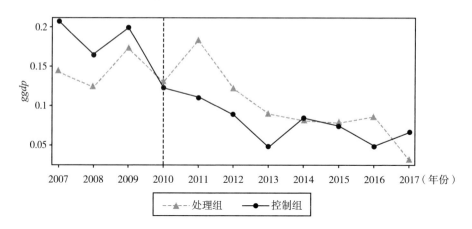

**图5-1 处理组和控制组样本在财政省直管县前后的
实际 GDP 增长率均值变化趋势**

进一步地，参考王立勇和高玉胭（2018）的做法，利用2007~2009年子样本，设计模型（5.4），从实证分析的系数显著性角度来对事前平行趋势做进一步检验：

$$y_{it} = \alpha + \beta_4 treat_i \times time'_t + \gamma control_{it} + \varphi_i + \lambda_i + \varepsilon_{it} \tag{5.4}$$

其中，i 表示各个县（市）（$i = 1, 2, \cdots, 89$），t 在此表示 2007~2009 年的每一年份，$time'_t$ 在 2007~2009 年分别取值为 1、2、3。模型中其余变量与模型（5.1）相同。从估计结果来看，$treat_i \times time'_t$ 的估计系数 β_4 为 0.0243，没有通过 10% 的显著性水平检验。这表明在 2007~2009 年期间，事前平行趋势成立。另外，在本章后面的动态效应检验中，2007~2009 年的估计系数也同样不显著。因此，我们可以认为处理组和控制组在改革前不存在明显差异，满足事前平行趋势。

二、基准回归结果分析

对本章前面构建的模型（5.1）进行估计，结果如表 5-2 所示。其中，表 5-2 中第（1）列和第（2）列中引入了个体和时间固定效应，第（3）列和第（4）则未引入个体和时间虚拟变量，而是利用 $treat_i$ 与 $time_t$ 两个变量分别代表个体和时间因素可能存在的影响。

从表 5 - 2 所示的回归结果可以看出，第（1）至第（4）列中的 *did* 的估计系数数均在 1% 的显著性水平上为正，在第（2）列给出的控制个体和时间固定效应的估计值中，直管县 GDP 增长率要比非直管县高出 0.0890 个百分点，与 GDP 的均值（11.18%）相比，这一效果除了在统计意义上显著外，也应关注其在经济上的实际意义。

表 5 - 2　　　　　财政省直管县改革对地区经济发展影响的基准回归结果

解释变量	被解释变量：*ggdp*			
	（1）	（2）	（3）	（4）
did	0.0810 *** （0.0261）	0.0890 *** （0.0283）	0.0748 *** （0.0225）	0.0802 *** （0.0248）
popdensity		0.0003 （0.0002）		0.0006 （0.0004）
urbanrate		0.0408 （0.1070）		0.0348 （0.0922）
lnpergdp		0.0619 * （0.0348）		0.0589 * （0.0302）
glabour		0.0780 * （0.0461）		0.0714 * （0.0438）
structure		0.0209 （0.165）		0.0107 （0.152）
strongcounty		0.0126 * （0.0074）		0.0118 * （0.0068）
constant	0.1492 *** （0.0082）	- 0.5280 （0.3520）	0.1042 ** （0.0067）	- 0.4142 （0.2992）
个体固定效应	是	是	- 0.0385 （0.0271）	- 0.0237 （0.0212）
时间固定效应	是	是	0.0786 *** （0.0244）	0.0453 ** （0.0197）
N	979	979	979	979
R-squared	0.4190	0.4320	0.3972	0.3972

注：括号内数值是回归系数标准误差，*、**、*** 分别表示 10%、5% 和 1% 的统计显著性水平。

控制变量方面的估计系数基本都符合直觉，人均 GDP 正向影响 GDP 增长率，说明县域经济在此期间具有一定的路径依赖和发散现象。劳动力增速是 GDP 增长的重要源泉,因而具有正向影响。扩权强县政策通过进一步扩大试点县的经济社会管理权限,由此产生了新的分权竞争激励,进而对地区 GDP 增长也产生了正向影响。第二与第三产业增加值占比与城镇化率越高,经济增长越快,但估计系数不显著。

为了进一步探究财政"省直管县"改革对地区经济发展的长期动态效应,在此参考(Jacobson et al.,1993)采用的事件研究法,构建了如下模型:

$$y_{it} = \alpha + \sum_{n=2007}^{2017} \chi_n \, treat_i \times time_t^n + \gamma control_{it} + \varphi_i + \sum_{n=2007}^{2017} \lambda_t \times time_t^n + \varepsilon_{it}$$

$$(5.5)$$

其中,以湖南省财政省直管县改革实施的前一年 2009 年作为基准年,并为避免多重共线性在实际回归中将其剔除。$time_t^n$ 表示年份虚拟变量,n 分别取值为 2007 ~ 2017 年(不含 2009 年)。当 $t = n$ 时,$time_t^n$ 为 1,否则为 0。χ_n 表示在此期间的一系列估计值,反映财政"省直管县"改革对地区经济发展在不同时期内影响。其余变量定义与模型(5.1)一致。

从表 5 - 3 中所示的结果可以发现,估计系数 χ 在改革前的 2007 年和 2008 年均不显著,说明处理组和控制组在财政"省直管县"改革前不存在明显差异,这也进一步验证了前面的事前平行趋势假设。与此同时,2010 年估计系数 χ 为 0.1418,且通过 1% 的显著性水平检验,说明在改革实施第一年,财政"省直管县"改革就对地区经济发展产生了显著影响。在此之后,随着时间的推移,估计系数逐渐呈不断下降的趋势,虽然 2016 年有略微反弹提高,但到 2017 年时估计系数仅为 0.0423,且没有通过 10% 的显著性水平检验。图 5 - 2 所示的动态效应图能更加直观地看到影响效应随时间变化的趋势。从改革当年(2010 年)开始,影响系数最高,并在接下来的 3 年中保持类似状态,这说明财政"省直管县"改革对地区经济发展的正向影响集中在改革的前 4 年集中释放,而以 2014 年为界,之后年份财政"省直管县"改革的正向影响逐步减弱至消失,呈现"前快后慢、边际效益下降"趋势,说明改革后期动力不足,财政"省直管县"改革对地区经济发展的正向影响不断放缓。

表 5 - 3   **2007 ~ 2017 年财政省直管县改革对**
地区经济发展的动态效应估计系数

项目	2007 年	2008 年	2010 年	2011 年	2012 年
did 估计系数	0. 0036 (0. 0414)	0. 0268 (0. 0478)	0. 1418 *** (0. 0467)	0. 1086 *** (0. 0487)	0. 1078 *** (0. 0520)
项目	2013 年	2014 年	2015 年	2016 年	2017 年
did 估计系数	0. 1144 ** (0. 0575)	0. 0719 * (0. 0427)	0. 0739 (0. 0478)	0. 1065 * (0. 0598)	0. 0423 (0. 0488)

注：括号内数值是回归系数标准误差，＊、＊＊、＊＊＊分别表示 10%、5% 和 1% 的统计显著性水平。

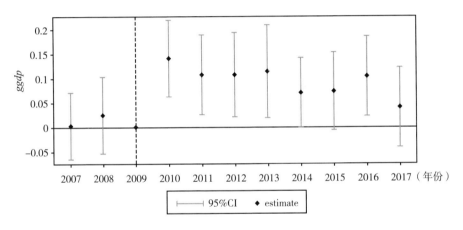

图 5 - 2 财政"省直管县"改革对地区经济发展的动态效应检验

三、异质性检验

（一）按照是否属于贫困县及是否与市州中心城市邻近进行三重差分分析

首先构建如下模型对财政"省直管县"可能存在的异质性影响进行检验：

$$y_{it} = \alpha + \rho_1 d_{it} \times did_{it} + \rho_2 did_{it} + \gamma control_{it} + \varphi_i + \lambda_t + \varepsilon_{it} \qquad (5.6)$$

其中，d_{it} 分别代表是否属于贫困县的分组变量（*poor*）和是否与市州中心城市邻近的分组变量（*near*），当属于贫困县时 *poor* 的取值为 1，否则为 0，当与市州中心城市邻近时 *near* 的取值为1，否则为0。$d \times did$ 是双重差分变量与上述分组变量的乘积，其估计系数 ρ 反映了财政"省直管县"改革与异质性分组的综合效应。

由表5-4所示的回归结果可以看出，在第（1）和第（2）列中，当分组变量为是否属于贫困县的分组变量（*poor*）时，*did* 的估计系数仍然为正，但显著性有所下降。同时，我们最关注的 $poor \times did$ 的估计系数虽然为正，但没有通过显著性检验，财政"省直管县"改革对贫困地区经济发展的正向影响并不显著，这可能是因为当属于贫困县时，财政"省直管县"改革所带来的分权竞争激励将会有较大减弱，县级政府发展本地经济的积极性没有得到充分发挥。在第（3）和第（4）列中，当分组变量更改为是否与市州中心城市邻近的分组变量（*near*）时，我们最关注的 $near \times did$ 的估计系数却显著为负，这说明当邻近市州中心城市时，财政"省直管县"改革对地区经济发展的促进效应，很有可能会因为地级市政府在允许的范围内采用各种手段抵制改革的实施或者截留权力和项目而受到掣肘，进而产生了负面影响。

表5-4　　　　　财政"省直管县"改革对地区经济发展的异质性影响

解释变量	（1）	（2）	解释变量	（3）	（4）
$poor \times did$	0.0390 (0.0629)	0.0209 (0.0708)	$near \times did$	-0.0107 * (0.0062)	-0.0325 ** (0.0162)
did	0.0645 ** (0.0261)	0.0812 ** (0.0418)	*did*	0.0988 *** (0.0299)	0.1028 *** (0.0281)
控制变量	YES	YES	控制变量	YES	YES
个体固定效应	YES	YES	个体固定效应	YES	YES
时间固定效应	YES	YES	时间固定效应	YES	YES
poor-time 固定效应	NO	YES	*near-time* 固定效应	NO	YES
poor-treat 固定效应	NO	YES			
N	979	979	N	979	979
R-squared	0.4445	0.4501	R-squared	0.4397	0.4394

注：（1）由于湖南省贫困县在2007～2017年期间存在动态变化，如祁东县、双牌县、江永县、宁远县、洪江市、吉首市、炎陵县、茶陵县、石门县、桂东县、中方县等11个县（市）于2017年退出了贫困县序列。为控制上述贫困县脱贫对估计结果的影响，在表中增加了对 poor-treat 固定效应的控制。（2）括号内数值是回归系数标准误差，*、**、*** 分别表示10%、5%和1%的统计显著性水平。

（二）更换不同地区、不同省份样本进行异质性检验

本章前面的回归结果都是以湖南省的 89 个县（市）作为研究样本。为了控制单独一个省份的财政与经济特征对于检验结果的影响，本章选择了不同地区、不同省份样本来开展异质性检验。具体思路包括：第一，在湖南省内，为进一步剔除经济基础、区位条件、资源禀赋等因素影响，增强可比性，我们将样本缩减至湖南省内实施财政"省直管县"改革的怀化市（处理组）和未实施财政"省直管县"改革的湘西自治州（控制组），通过采用式（5.1）所示的双重差分模型来进一步验证财政"省直管县"改革对原本经济社会基础类似且区位相邻的两个市州的县域经济发展影响；第二，除中部地区的湖南省之外，进一步将研究样本更换为其他省份，选择在东部地区的山东省和西部地区的贵州省的样本开展异质性检验。

具体从山东省和贵州省的财政"省直管县"改革的时间及内容来看，根据《山东省人民政府关于实行省直接管理县（市）财政体制改革试点的通知》，山东省是 2009 年 1 月选择了 20 个县（市）作为财政"省直管县"改革试点。其中，在收入分权方面，山东省明确了地级市不再参与分享直管县（市）的税收收入和各项非税收入，同时明确了将财力性转移支付和专款补助单独核定下达到直管县（市）；在支出分权方面，山东省明确直管县（市）直接向省级申报财政资金项目，省级财政资金直接测算、分配、下达到直管县（市）。与此同时，根据《贵州省人民政府办公厅转发省财政厅关于实行省直接管理县财政改革意见的通知》和《贵州省人民政府关于进一步完善省直接管理县财政改革的通知》，贵州省分别于 2009 年 9 月和 2013 年 1 月选择了 31 个和 13 个县（市）作为财政"省直管县"改革试点。其中，在收入分权方面，主要强调省对下转移支付、税收返还等由省财政直接核定并补助到县（市）；在支出分权方面，主要明确资金往来由省级财政直接对县（市），债务管理也直接由省财政管理。总体来看，山东省和贵州省在改革实施的时间上与湖南省较为接近，并且都是选择了省内部分县（市）来作为改革直管县。同时，在改革内容上与湖南省既有

相同也有差异之处。因此，选择上述两个省份来开展异质性检验，具有较强的代表性。

利用上述新的样本对模型（1）进行重新估计，首先，从表5-5中的第（1）列和第（2）列的回归结果来看，当以湖南省内的怀化市和湘西州的县市作为样本时，由于样本量的较大幅度减少，*did* 的估计系数较全省样本有所下降，但仍然在5%的显著性水平上为正。从实际数据来看，2017年怀化市所辖直管县GDP达到1069.31亿元，相比2007年，年均增长12.56%，而2017年湘西自治州所辖县市GDP为575.55亿元，相比2007年，年均增长11.68%，前者高于后者近0.88个百分点。这说明在湖南省内，当对经济社会基础和区位条件类似的两个市州直接进行比较时，改革对于地区经济发展的正向影响仍较为显著。

表5-5　　　　　　更换不同地区、不同省份样本的异质性检验

变量	*ggdp* 怀化-湘西 (1)	*ggdp* 怀化-湘西 (2)	*ggdp* 贵州 (3)	*ggdp* 贵州 (4)	*ggdp* 山东 (5)	*ggdp* 山东 (6)
did	0.0687 ** (0.0403)	0.0651 ** (0.0332)	0.0826 *** (0.0307)	0.0794 *** (0.0286)	0.0412 ** (0.0208)	0.0342 ** (0.0169)
控制变量	NO	YES	NO	YES	NO	YES
个体固定效应	YES	YES	YES	YES	YES	YES
时间固定效应	YES	YES	YES	YES	YES	YES
N	198	198	825	825	880	880
R-squared	0.4852	0.4700	0.5773	0.5540	0.5270	0.5032

注：括号内数值是回归系数标准误差，*、**、*** 分别表示10%、5%和1%的统计显著性水平。

其次，从表5-5中的第（3）列至第（6）列的回归结果来看，贵州省经过两次财政"省直管县"改革试点的推进，*did* 的估计系数虽然比湖南省略低，但仍然能在1%的显著性水平上为正。上述说明对于贵州省来说，由于其财政"省直管县"改革在财政分权方面的内容与湖南较为相似，特别是在支出分权方面，项目资金和债务直接由省财政管理所形成的

扁平化结构,对于强化直管县开展投资竞争进而促进本地区经济发展起到了较显著的作用。而对于山东省来说,*did* 的估计系数相对其他两个省份较低,但也能在5%的显著性水平上为正。上述说明,山东省2009年仅选择了20个县(市)作为财政"省直管县"改革试点,直管县数目相对较少,并且在财政"省直管县"改革所涉及的支出分权内容方面,分权程度也不如另外两个省份那样明显,因而财政"省直管县"改革对地区经济发展的正向促进作用也相对另外两个省份较弱一些。但从总体来看,无论是贵州省还是山东省,财政"省直管县"改革对地区经济发展的正向促进作用都是仍然显著存在的。

四、稳健性检验

(一) 更换地区经济发展度量指标

近年来,城市夜间灯光强度数据被逐渐采用以度量地区经济发展水平(范子英等,2016;陈思霞,2017)。夜间灯光强度数据能在一定程度上克服 GDP 作为主观统计结果所带来的测度偏误。在此,笔者基于美国国防气象卫星搭载的业务型线扫描传感器(DMSP/OLS)获取的夜间灯光影像,提取2007~2013年湖南、贵州及山东的各县市灯光总强度数据,并通过不变目标区域影像校正法对数据进行校正处理,进一步得到三个省份的各县市灯光总强度变动率数据(*glight*),以此作为模型(5.1)中地区经济发展变量的新样本数据。虽然度量指标的选取发生了变化,但其能从另一个视角来反映财政"省直管县"改革对于地区经济发展的影响程度。另外,参考曹清峰(2020)的做法,将三个省份各县的 GDP 增长率最大与最小1%的样本进行缩尾处理,采用修正 GDP 增长率的离群值(*ggdpx*)来代替前面的 GDP 增长率,来进一步稳健性检验。

表5-6中的第(1)至第(6)列显示,虽然由于度量指标发生了变更,不宜直接比较 *did* 的估计系数大小,但是结果显示,在新的地区经济发展度量指标下,无论是中部地区的湖南,还是西部地区的贵州,*did* 的

估计系数至少都在5%显著性水平上均为正。可见，即使更换了地区经济发展度量指标，本章关于财政"省直管县"改革对地区经济发展的正向影响结论仍然是稳健的。

表 5 – 6   更换地区经济发展度量指标的稳健性检验

变量	*glight* 湖南 (1)	*glight* 贵州 (2)	*glight* 山东 (3)	*ggdpx* 湖南 (4)	*ggdpx* 贵州 (5)	*ggdpx* 山东 (6)
did	0.0319 ** (0.0161)	0.0202 ** (0.0094)	0.0129 * (0.0073)	0.0834 *** (0.0260)	0.0684 *** (0.0271)	0.0305 ** (0.0157)
控制变量	YES	YES	YES	YES	YES	YES
个体固定效应	YES	YES	YES	YES	YES	YES
时间固定效应	YES	YES	YES	YES	YES	YES
N	534	450	480	979	825	880
R-squared	0.4548	0.4882	0.4159	0.4560	0.5012	0.4920

注：括号内数值是回归系数标准误差，*、**、*** 分别表示10%、5%和1%的统计显著性水平。

（二）安慰剂检验：随机选取处理组

为了进一步验证地区经济发展是由财政"省直管县"改革而非来源于不可观测的因素，我们借鉴 Lu 等（2017）的方法来开展全样本随机选择试验，即在湖南省所有 89 个县级样本中，随机选取 79 个县作为处理组，其余 10 个县作为控制组，将此随机过程重复抽样 500 次，并根据随机抽取的样本对模型（5.1）进行反复估计，由此得出财政"省直管县"改革变量 *did* 的 500 个估计系数。图 5 – 3 报告了具体估计系数的概率核密度分布。从图中可以发现，随机分配的估计系数均值为 0.0005，集中分布在 0 附近，标准差为 0.0255。由于表 5 – 2 的第（2）列中 *did* 的实际估计系数为 0.0890（图 5 – 3 中用垂直实线表示），显著不同于随机选取的系数估计值，位于整个分布之外。因此，这也证实了随机设立的财政"省直管县"改革没有政策效应，即实际的财政"省直管县"改革对地区经济发展的效应并非来源于不可观测的因素。

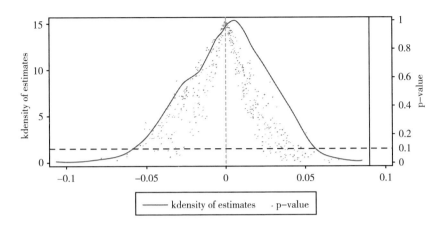

图 5 – 3　估计系数概率核密度分布

注：图中 X 轴表示来自 500 个随机选取样本的估计系数，曲线是估计的核密度分布，点是相关的 p 值。

(三) 运用 PSM – DID 方法矫正内生选择偏差问题

对于作为样本省份的湖南、贵州及山东来说，虽然在前面样本选取时说明了各省选择某个县来开展直管县改革试点并没有受到地区经济发展因素的显著影响，但这并不意味着改革直管县的选取就是完全随机的。实践中，区位条件、经济社会基础及资源禀赋都有可能成为省级政府选择直管县改革试点的重要因素（刘冲等，2014；刘勇政等，2019；宁静和赵旭杰，2019）。在这种情况下，双重差分模型可能因内生选择问题而产生估计偏差。为解决这一问题，我们尝试采用倾向得分匹配双重差分法（PSM – DID）来进行进一步稳健性检验。

首先，以 2007 ~ 2017 年湖南、贵州和山东的全部县域样本数据为基础，构造以财政"省直管县"为虚拟变量、县的特征变量为被解释变量的二值选择 Probit 模型。参考贾俊雪和宁静（2015）选取特征变量的思路，从经济社会基础特征变量、城镇化特征变量、财政实力特征变量等三个方面，具体选取了人均 GDP（*lnpergdp*）、第二和第三产业增加值/GDP（*structure*）、人口密度（*popdensity*）、城镇化水平（*urbanrate*）、财政收支缺口/GDP（*fingap*）等五个特征变量。在此基础上，通过估算特征变量的回归系数来预测每个县实施财政"省直管县"改革的概率(倾向得分)。

$$Probit\,(did_{it}=1)_{it}=\alpha+\beta control2_{it}+\varepsilon_{it} \tag{5.7}$$

模型(5.7)中,被解释变量为财政"省直管县"改革虚拟变量 did,实行改革的县赋值为1,否则为0。$control2$ 为上述可能影响直管县选择的相关特征变量。

其次,计算倾向得分后,选择核密度匹配、邻近匹配及半径匹配的匹配方法将处置组和控制组进行匹配,运用平衡性检验判断是否为处置组匹配到了特征相似的控制组。

最后,匹配完成之后,以匹配上的2007~2017年三个省份县域样本面板数据为基础,利用双重差分法估计出 did 变量的系数,以此反映改革对地区经济发展的影响效应。

由表5-7中的 Probit 回归结果可知,财政收支缺口/GDP、人均 GDP、第二和第三产业增加值/GDP、城镇化水平均会影响成为直管县的概率,说明决定一个县是否成为直管县改革试点并非完全随机。在此基础上,通过表5-7还可以进一步看到利用核密度匹配法进行匹配前后处置组和控制组各个特征变量的差异检验情况。检验结果显示,在匹配之后,从均值差异来看,相对于匹配前都有较明显降低,原本在10%水平上有显著差异的特征变量在匹配后都无显著差异了,而标准化差异偏差在匹配后也不超过5%,从而确保了处理组的样本选取具有了更高的随机性。与此同时,对比匹配前与匹配后 Probit 模型回归的 R^2 和卡方检验统计量,表5-7最后两行显示,匹配后的 R^2 显著变为0,卡方统计量也变为不显著,说明匹配后处置组与控制组不再有明显的差异。上述平衡性检验通过,说明匹配较好地消除了样本选择性偏差。

表5-7   倾向得分配对和平衡性检验结果

匹配变量	匹配状态	均值差异检验			标准化差异(%)	倾向得分模型(Probit 模型)
		处理组均值	控制组均值	t 检验(p 值)		
popdensity	匹配前	601.3400	560.3100	1.55(0.098)	12.5	-0.0142 (0.0352)
	匹配后	601.3400	598.1200	0.21(0.836)	1.9	

匹配变量	匹配状态	均值差异检验			标准化差异（%）	倾向得分模型（Probit 模型）
		处理组均值	控制组均值	t 检验（p 值）		
urbanrate	匹配前	0.1734	0.2000	−4.41（0.000）	−34.4	0.1899 * （0.1085）
	匹配后	0.1734	0.1747	−0.19（0.850）	−1.7	
lnpergdp	匹配前	9.9784	10.3690	−8.76（0.000）	−69.0	0.0722 ** （0.0331）
	匹配后	9.9784	9.9863	−0.14（0.885）	−1.4	
fingap	匹配前	0.4404	0.3886	1.49（0.024）	13.7	0.0829 *** （0.0234）
	匹配后	0.4404	0.4127	0.20（0.845）	2.0	
structure	匹配前	0.8577	0.8683	−7.46（0.000）	−60.2	0.1572 ** （0.0721）
	匹配后	0.8577	0.8264	−0.09（0.931）	−0.9	
		匹配前				匹配后
Pseudo R^2		0.093				0.000
卡方检验统计量 LR chi^2		91.75 ***				0.12

注：表格的平衡性检验基于的是核密度匹配法，其他两种匹配方法的检验结果与核密度匹配法相似，限于篇幅不再具体列出。＊、＊＊、＊＊＊分别表示在 10%、5% 和 1% 的统计显著性水平。

表 5-8 给出了三种匹配样本下的双重差分法对 *did* 的估计结果。从结果中可以看出，匹配后的样本数量没有因匹配而损失过多，样本量减少将近 20% 左右。与前面的基准回归结果类似，*did* 估计系数都至少在 5% 的显著性水平上为正。这说明尽管利用 PSM - DID 法不能从根本上解决内生性问题，但通过对样本进行倾向匹配处理，得到了一个较为稳健的结果，使得本章关于财政"省直管县"改革对地区经济发展的正向促进作用的结论更加可信。

表 5-8 　　　　　　　　　　**三种匹配方法下的配对估计结果**

项目	配对估计结果	
核密度匹配	0.0327 ***	（0.0122）
	R-squared = 0.6207	N = 2248
邻近匹配	0.0256 **	（0.0117）
	R-squared = 0.5479	N = 2248
半径匹配	0.0273 **	（0.0130）
	R-squared = 0.5815	N = 2235

注：表中显示的是三种匹配样本下的 *did* 变量估计系数、标准误差、模型拟合度及样本量。＊、＊＊、＊＊＊分别表示在 10%、5% 和 1% 的统计显著性水平。

➡ 第四节
分权竞争激励影响机制的中介效应检验

前面的实证分析显示，财政"省直管县"改革对地区经济发展具有较显著的正向影响。在此基础上，进一步对前文提出的影响机理和路径进行实证检验，就财政"省直管县"改革导致的收入分权和支出分权两类竞争激励对地区经济发展的影响进行中介效应检验及对比分析，揭示两类分权竞争激励在决定财政"省直管县"改革的地区发展效应中的作用。

一、收入分权竞争激励影响机制的中介效应

由前文中的影响机理和路径的理论分析可知，财政"省直管县"改革导致的收入分权竞争激励，主要通过提升县级政府可支配财力对地区经济发展产生正向的影响效应。因此，我们具体选择县级政府可支配财力作为中介变量，来刻画收入分权竞争激励视角下财政"省直管县"改革影响地区经济发展的机制和路径。

对本章前面构建的中介效应模型（5.2）进行估计，并从表 5 - 9 中的第（1）列至第（3）列回归结果中可以看出，湖南的 *did* 估计系数为负，贵州的 *did* 估计系数为正，但都不显著，山东的 *did* 估计系数为正，但仅通过了 10% 的显著性水平检验。上述说明在湖南和贵州，直管县改革并没有起到提升改革直管县可支配财力的作用，在山东，改革对直管县可支配财力的提升效果也并不明显。究其原因，从三个省份的财政"省直管县"改革在收入分权方面的内容上来看，在税收分成方面，除了湖南明确调整分税比例向县倾斜之外，山东只是明确地级市政府不再参与县的税收收入分成，而贵州则没有对此进行明确。在转移支付方面，三个省份则都明确了县级转移支付直接由省财政来进行分配，并且湖南和贵州都进一步明确了增加对县级政府转移支付力度与奖励。因此，不难看出，增加对县级政府的转移支付是三个省份财政"省直管县"改革在财政分权中的主体内容，

而转移支付的增加虽然能直接提升改革直管县的一部分可支配财力，但同时也造成了直管县财政对转移支付的进一步依赖，并且这种依赖弱化了直管县的预算约束，降低了地方政府的发展本地自有财源的积极性并加剧了地方政府的道德风险行为，最终导致地方政府可支配财力并没有如预期那样提升，甚至出现了下降。

表 5 – 9　　　　　　财政"省直管县"改革对于中介变量的影响

变量	*finrate* 湖南 (1)	*finrate* 贵州 (2)	*finrate* 山东 (3)	*investrate* 湖南 (4)	*investrate* 贵州 (5)	*investrate* 山东 (6)
did	– 0. 0234 (0. 0141)	0. 0179 (0. 0126)	0. 0225 * (0. 0126)	0. 1967 *** (0. 0708)	0. 2485 *** (0. 0945)	0. 1382 ** (0. 0667)
控制变量	YES	YES	YES	YES	YES	YES
个体固定效应	YES	YES	YES	YES	YES	YES
时间固定效应	YES	YES	YES	YES	YES	YES
N	979	825	880	979	825	880
R-squared	0. 6704	0. 6981	0. 8180	0. 8477	0. 9214	0. 8430

注：括号内数值是回归系数标准误差，＊、＊＊、＊＊＊分别表示 10%、5% 和 1% 的统计显著性水平。

进一步地，对已构建的中介效应模型（5.3）进行估计，并从表 5 – 10 中的第（1）列至第（3）列的回归结果可以看出，除了山东省的 *finrate* 估计系数在 10% 的显著性水平上为正外，湖南省和贵州省都没有通过显著性水平检验。与此同时，在表 5 – 10 中的第（1）列至第（3）列，三个省份的 *did* 估计系数较模型没有加入中介变量 *finrate* 时并没有降低或变得不再显著。上述结果说明，由于财政"省直管县"改革并没有显著提升改革直管县的可支配财力，因而在县级财政压力没有得到实质缓解的情况下，改革直管县通过开展税收竞争来促进本辖区经济增长的动机并未有显著提高。最终改革通过收入分权竞争激励来促进地区经济发展的路径并未有效实现。因此，如何通过财政"省直管县"改革来优化对于县级政府的收入分权竞争激励，更好地发挥地方政府利用财政收支政策手段发展地区经济的主体积极性，是今后需要进一步考虑的重点。

表 5 – 10 　　　　财政"省直管县"改革影响地区经济发展的中介效应检验

变量	$ggdp$ 湖南 (1)	$ggdp$ 贵州 (2)	$ggdp$ 山东 (3)	变量	$ggdp$ 湖南 (4)	$ggdp$ 贵州 (5)	$ggdp$ 山东 (6)
did	0.0893 *** (0.0286)	0.0792 *** (0.0282)	0.0328 ** (0.0147)	did	0.0813 *** (0.0193)	0.0618 *** (0.0208)	0.0329 ** (0.0144)
$finrate$	0.0108 (0.0068)	0.0127 (0.0075)	0.0152 * (0.0082)	$investate$	0.0395 ** (0.0201)	0.0501 *** (0.0187)	0.0205 ** (0.0103)
控制变量	YES	YES	YES	控制变量	YES	YES	YES
个体固定效应	YES	YES	YES	个体固定效应	YES	YES	YES
时间固定效应	YES	YES	YES	时间固定效应	YES	YES	YES
N	979	825	880	N	979	825	880
R-squared	0.4546	0.4772	0.5337	R-squared	0.4368	0.5022	0.4042

注：括号内数值是回归系数标准误差，＊、＊＊、＊＊＊分别表示10%、5%和1%的统计显著性水平。

二、支出分权竞争激励影响机制的中介效应

由前文中的影响机理和路径的理论分析可知，财政"省直管县"改革导致的支出分权竞争激励，主要通过加大辖区内固定资产投资来对地区经济发展产生正向的影响效应。因此，笔者具体选择本地区投资率（固定资产投资额/GDP）作为中介变量，刻画支出分权竞争激励视角下财政"省直管县"改革影响地区经济发展的机制和路径。

对本章前面构建的中介效应模型（5.2）进行估计，并从表5－9中的第（4）列至第（6）列所示回归结果中可以看出，与可支配财力作为被解释变量时的估计系数完全不同，当投资率作为被解释变量时，湖南和贵州的 did 估计系数都在1%的显著性水平下为正，山东的 did 估计系数也通过了5%的显著性水平检验。上述结果说明财政"省直管县"改革起到了显著扩大地区固定资产投资的作用。由于财政"省直管县"改革所形成的政府资金管理的扁平化结构，在导致改革县政府资金管理约束弱化的同时，实际上下放了部分政府资金的支出自主权，明显强化了以获取项目、为项目提供融资

支持以及招商引资为主要表现的投资竞争动机。自主投融资权限和经济社会
管理权限方面的明显扩大最终也较明显地促进了改革直管县固定资产投资的
快速增长。以湖南省为例,2017 年 79 个直管县完成固定资产投资 16250.45
亿元,相比 2007 年,年均增长 28.28%,比非直管县高 6.87 个百分点。

进一步地,对本章前面构建的中介效应模型(5.3)进行估计,并从
表 5 – 10 中的第(4)列至第(6)列所示的回归结果可以看出,湖南与山
东的估计系数 *investrate* 均在 5% 的显著性水平上为正,贵州则更是在 1% 的
显著性水平上为正。与此同时,在表 5 – 10 中的第(4)列至第(6)列
中,三个省份的 *did* 估计系数较模型没有加入中介变量 *investrate* 时都有明
显降低。上述结果说明,由于财政"省直管县"改革显著扩大了直管县本
地区固定资产投资的水平,强化了直管县的投资竞争行为,因而改革通过
支出分权竞争激励来促进地区经济发展的中介效应都得到了实现。但是,
需要进一步注意的是,由于这种通过拉动投资需求来促进经济发展的粗放
型发展模式,并没有从本质上提升资源配置效率,也容易被周边邻近地区
所模仿,因此,从长期来看,上述中介效应会逐步减弱。实际上,通过本
章前面对财政"省直管县"改革影响地区经济发展的动态效应结果也能看
出,正是由于财政"省直管县"改革在经济分权竞争激励的作用下,主要
通过以扩大固定资产投资为中介来拉动本地区经济发展,因而改革的正向
影响才呈现出逐步减弱的趋势。

为了进一步检验财政"省直管县"改革以扩大固定资产投资为中介对
经济发展模式的影响,笔者将模型(5.3)的被解释变量由地区经济增长
率分别更换为地区全要素生产率(*tfp*)和地区资源错配指数(*sousmiss*)。
其中对于地区全要素生产率的测算,主要采用 DEA – Malmquist 生产率指数
方法,以永续盘存法估算的资本存量①和劳动变量作为投入指标,GDP 作

---

① 具体对于各县资本存量的测算,借鉴张军(2009)的研究,并接受珀金斯(Perkins,
1998)对中国资本产出比为 3 的假设,利用 2002 年中国各县域的国民收入倒推 2001 年的资本存
量,根据 2001 年的资本存量,利用各县域的固定资产投资总额,采用永续盘存法计算 2007～2017
年三个省份各县域的资本存量。在折旧率的选择上,借鉴张军(2004)和周腰华(2017)选择为
9.6%,采用 9.6% 的折旧率。

为产出指标，测算出 2007～2017 年三个省份各县的全要素生产率数据。同时，对地区资源错配指数的测算，以地区资本错配程度来表示，公式为：$\pi_{it} = 1/mk_{it} - 1, mk_{it} = (k_{it}/k_t)/(s_{it}p_{it}/p_t)$。其中，$\pi_{it}$ 代表 i 县在 t 时期的资本错配程度，mk_{it} 代表资本要素价格的绝对扭曲系数[①]，s_{it} 表示 i 县在 t 时期的产出占全省经济总产出的比重，$p_t = \sum s_{it}p_{it}$ 表示使用产出加权后的全省资本贡献率，k_{it}/k_t 表示 i 县 t 时期资本使用量占全省资本量的比重，$\pi_{it} = 0$ 为资本有效配置的理想状态。在本章中，当 $\pi_{it} = 0$ 时，表示本地区资源要素配置有效，当 $\pi_{it} \neq 0$ 时，表示出现资源错配现象。

根据表 5-11 的回归结果可以看出，首先，从第（1）列至第（3）列中以 tfp 作为模型被解释变量的估计情况来看，三个省份的 did 的估计系数虽然都为正，但都没有通过显著性检验。同时，三个省的 $investrate$ 估计系数都为负，并且贵州还通过了 10% 水平的显著性检验。上述说明加大固定资产投资不但没有起到提高地区全要素生产率的作用，反而可能会产生负向抑制效应，进而财政"省直管县"改革通过支出分权竞争激励的方式也并没有对地区全要素生产率产生显著正向影响。其次，从第（4）列至第（6）列中以 $sousmiss$ 作为模型被解释变量的估计情况来看，湖南和贵州的 did 估计系数在 10% 的显著性水平上为正，山东也为正，但没有通过显著性检。而湖南和贵州 $investrate$ 估计系数都在 5% 的显著性水平上为正，山东的估计系数则在 10% 的显著性水平上为正。上述说明，县级政府通过扩大固定资产投资开展投资竞争，实际上对地区资源错配（特别是资本错配）产生了较显著的正向影响，进而导致财政"省直管县"改革通过支出分权竞争激励方式对地区资源错配也产生了一定的推动作用。总体来看，财政"省直管县"改革以扩大固定资产投资为中介来拉动地区经济增长属于一种粗放型的发展模式，这种模式并没有显著提升地区全要素生产率和资源配置效率，因而并不具有可持续性。

---

① mk 表示了实际使用资本量与有效配置的资本量的偏离程度。由于 mk 会出现负值现象，在此采用绝对值形式来表示。

表5-11　　财政"省直管县"改革下扩大固定资产投资对经济发展模式的影响

变量	tfp 湖南 (1)	tfp 贵州 (2)	tfp 山东 (3)	sousmiss 湖南 (4)	sousmiss 贵州 (5)	sousimiss 山东 (6)
did	0.0166 (0.0134)	0.0148 (0.0282)	0.0217 (0.0147)	0.0297 * (0.0172)	0.0382 * (0.0209)	0.0202 (0.0131)
investate	−0.0085 (0.0091)	−0.0177 * (0.050)	−0.0067 (0.0076)	0.0396 ** (0.0195)	0.0541 ** (0.0272)	0.0193 * (0.0102)
控制变量	YES	YES	YES	YES	YES	YES
个体固定效应	YES	YES	YES	YES	YES	YES
时间固定效应	YES	YES	YES	YES	YES	YES
N	979	825	880	979	825	880
R-squared	0.3947	0.4883	0.4257	0.6062	0.6741	0.4870

注：括号内数值是回归系数标准误差，*、**、*** 分别表示10%、5%和1%的统计显著性水平。

三、中介效应的稳健性检验

根据前文的理论分析可知，财政"省直管县"改革在收入分权竞争激励的反映上，除了对县级政府整体可支配财力的影响外，还可通过对县级政府自身本级财政收入的影响来体现。与此同时，财政"省直管县"改革在支出分权竞争激励的反映上，除了对本地区固定资产投资的影响外，还可通过对本地区新增加的企业数来体现。因此，笔者进一步将县级政府本级财政收入/GDP（revenrate）和本地区新增规模以上工业企业数量取自然对数（companyrate）分别作为中介变量，基于2007～2017年湖南省各县（市）的样本数据，根据模型（5.2）和模型（5.3）进行中介效应的稳健性检验估计，估计结果如表5-12所示。

表5-12　　　　　　　　　　中介效应的稳健性检验

变量	revenrate (1)	companyrate (2)	ggdp (3)	ggdp (4)	ggdp (5)
did	−0.0226 * (0.0129)	0.1468 ** (0.0766)	0.0872 *** (0.0277)	0.0759 *** (0.0258)	0.0738 *** (0.0256)
revenrate			0.0105 (0.0086)		0.0071 (0.0047)

续表

变量	revenrate (1)	companyrate (2)	ggdp (3)	ggdp (4)	ggdp (5)
companyrate				0.0395* (0.0218)	0.0322* (0.0179)
控制变量	YES	YES	YES	YES	YES
个体固定效应	YES	YES	YES	YES	YES
时间固定效应	YES	YES	YES	YES	YES
N	979	979	979	979	979
R-squared	0.6472	0.6722	0.6546	0.6403	0.6569

注：括号内数值是回归系数标准误差，*、**、*** 分别表示 10%、5% 和 1% 的统计显著性水平。

首先，由表 5 - 12 中的第（1）列可知，当 revenrate 为被解释变量时，did 的估计系数在 10% 的显著性水平上为负，这说明财政"省直管县"改革通过收入分权不仅没有提升直管县的本级财政收入，反而起到了负面抑制作用，究其原因，改革后直管县对省级转移支付的依赖性进一步加大，缺乏了主动抓收入和发展本地区自有财源的积极性，因而导致了本级自有财政收入的减少。进一步根据表 5 - 12 中的第（3）列可知，当 ggdp 为被解释变量时，revenrate 的估计系数没有通过显著性检验，并且 did 的估计系数相对于模型中没加入中介变量 revenrate 时，并没有显著的降低。因此，可以认为财政"省直管县"改革并没有通过提升直管县的本级财政收入来起到拉动本地区经济发展的中介效应。这一结论与前面表 5 - 10 中的第（1）列得出的有关可支配财力的中介效应估计结果具有较好的一致性。

其次，由表 5 - 12 中的第（2）列可知，当 companyrate 为被解释变量时，did 的估计系数在 5% 的显著性水平上显著为正，这说明财政"省直管县"改革通过支出分权改善了直管县的投资环境，并为企业带来了较宽松的经营环境，有利于吸引企业进入本地。进一步根据表 5 - 12 中的第（4）列可知，当 ggdp 为被解释变量时，companyrate 的估计系数在 10% 的显著性水平上为正，并且 did 的估计系数相对于模型中没有加入中介变量时有了较明显的降低。因此，可以认为财政"省直管县"改革通过增加本地区企业数量起到了对本地区经济发展的正向中介效应。这一结论与表 5 - 10

中第（4）列得出的有关固定资产投资的中介效应结果相一致。

最后，由表 5 - 12 中的第（5）列可知，当在模型（5.3）中同时加入 *revenrate* 和 *companyrate* 两个中介变量后，*companyrate* 的估计系数仍然在 10% 的显著性水平上为正，*revenrate* 的估计系数仍然不显著，这进一步从稳健性的角度说明了相对于通过收入分权竞争激励的方式来促进地区经济发展，财政"省直管县"改革更多的是通过支出分权竞争激励的方式对地区经济发展产生正向影响。

➡️ 第五节
本章小结

本章将财政"省直管县"改革视为一项准自然实验，利用双重差分和中介效应模型识别估算出财政"省直管县"改革通过收入分权和支出分权两类竞争激励机制对地区经济发展的影响效应，得到以下主要结论。

（1）在以 2007～2017 年湖南省 89 个县市为样本数据的基准回归分析中，选取的处理组和控制组满足双重差分的事前平行趋势假设，回归结果显示财政"省直管县"改革对地区经济发展产生了较显著的正向影响，进一步从动态效应来看，这种正向影响集中在改革的前 4 年集中释放，之后逐步减弱。（2）在异质性检验中，当"省直管县"为贫困县时，改革对地区经济发展的正向影响会明显减弱，而当"省直管县"邻近市州中心城市时，改革对本地区经济发展的促进作用会受到明显抑制。与此同时，进一步将样本地区扩展到西部地区的贵州省和东部地区的山东省之后，虽然财政"省直管县"改革对地区经济发展的正向促进作用程度和显著性有差异，但这种正向影响都仍然存在。（3）在稳健性检验中，将地区经济发展的度量指标更换为夜间灯光强度数据后，财政"省直管县"改革对地区经济发展的正向影响结论仍然稳健。进一步运用倾向得分匹配双重差分法（PSM - DID）矫正内生选择偏差问题后，估计结果仍然是稳健的，使本章关于财政"省直管县"改革对地区经济发展的正向促进作用的结论更加可信。（4）在中介效应检验中，估计结果表明，由于财政"省直管县"改革并没有显著提升县级政府可支配财力，因而改革通过收入分权竞争激励，以增加可支配财力为中介开展税收竞争从而促进地区经济发展的路径并不明显。与此同时，财政"省直管县"改革显著扩大了本地区固定资产投资的水平，因而改革通过支出分权竞争激励，以扩大固定资产投资为中介开展投资竞争进而促进地区经济发展的中介效应和路径都得到了实现。

第六章

我国财政"省直管县"
改革面临的新形势

从第五章实证研究可以看出，财政"省直管县"改革在推动经济增长上发挥了较为显著作用，但这项改革随着时间推进，经济增长效应在逐渐递减。党的十九届五中全会指出，"当前和今后一个时期，我国发展仍然处于重要战略机遇期，但机遇和挑战都有新的发展变化"。这种分析判断同样适用于财政"省直管县"改革，是深化改革还是调整退出，演变方向仍具有不确定性，需要科学研判改革面临的新形势，深入分析改革自身存在的不足和问题，准确把握改革机遇。

➡第一节
我国财政"省直管县"改革存在的现实问题

我国财政"省直管县"体制已经运行很长一段时间，体制设计本身存在的一些问题开始逐步显现，主要表现在以下几方面。

一、改革红利逐渐缩小，带动经济增长效应下降

从前文的分析可以看出，财政"省直管县"改革运行以来，总的看，对推动县域经济增长有较为显著的促进作用，但是也存在时序性和区域

性，一般而言，在改革的前期其经济增长效应更为明显，而随着时间推移，其带动增长的效应逐步下降。同时，市一级政府对"省直管县"的态度也对这种效应存在影响，支持力度更大的往往其增长效应更为明显，相反部分市一级政府仍然沿用惯性管理思维，则效应会显著缩小，"省直管县"甚至不能取得效果。

以湖南省财政"省直管县"为例，自 2010 年启动改革以来，以中位数 2014 年为界，直管县经济增长呈现"前快后慢、边际效益下降"的趋势。前 5 年改革红利集中释放，直管县经济增长大幅高于非直管县，后 5 年随着经济下行压力加大及政府债务管控加强，直管县经济增长放缓速度快于非直管县。从 GDP 增速看，2009~2014 年，直管县年均增速比非直管县高 1.32 个百分点；到 2018 年，增速差距缩小到 0.46 个百分点，说明改革对经济增长的带动效应在降低。从固定资产投资看，2010~2014 年，直管县年均增长比非直管县高 3.69 个百分点，到 2018 年，增速差距缩小到 3.36 个百分点。

二、市级指导监督职责发挥不足，支持县级发展不够

财政"省直管县"改革主要体现在财政资金"六个直接到县"，省级财政并非统包统揽。以省级财政部门为例，虽然管理半径大幅延伸、项目单位大幅增加，但受编制管理限制，工作人员增加十分有限。从项目管理的视角看，省直相关业务管理部门也反映，数据、报表、检查等不少具体事务性工作仍依靠市级完成，项目的后期管理、绩效评价、监督检查也需要市级充分发挥作用。

但从湖南省实地调研的 8 个市州情况看，市级对财政"省直管县"理解普遍有偏差，有的认为，改革后市县关系由"父子关系"变成"兄弟关系"，甚至是竞争关系，市里只要负责好市辖区的发展就可以了，"省直管县"发展是省里的责任，对"省直管县"的指导少，支持除 2009 年基数部分外，大小不一，缺乏制度规范；有的认为，改革后市对"省直管县"没有指导监督的职权，特别是失去资金这个抓手后，没有义务也做不好这

些具体事务工作。例如，2018 年某市纪委在处理部分县市扶贫、社保等资金使用问题时，对市财政局社保、经建、农业等科室主要负责人进行问责谈话，座谈中市财政局表示自己很委屈，市财政并没有参与资金的分配与监管。同时，部分"省直管县"发展会受到地级市的限制，甚至还要面临地级市的各种检查。

此外，调研还发现，部分"省直管县"也有不正确的认识，认为省直管后，市里对自己没有多少实质性的资金和项目支持，对市里的指导监督和工作安排存在不欢迎的态度，甚至一些省里通过市州布置的事务性工作，也存在等、拖、推等情况。

三、市县事权与支出责任划分不够完善，县级配套压力较大

目前，省与市县事权与支出责任划分正在纵深推进，逐步完善，但市与县事权与支出责任划分基本还处于"一事一议"阶段，有待规范。部分市级政府依托行政权力，在分配事权时，将更多的事权下移给所辖县级，而在分配财权时，却更多希望掌握自己手中。在财政"省直管县"改革初期，一部分市级政府将原先参与分成的县级收入部分，要求县级作为基数每年上解；一部分市级政府将实力较强的企业在改革前强行划归市级管理，削弱了县级财政能力；一部分市级政府以自身财力有限为借口，对本应由自身承担的市级配套任务，分解到县级承担。同时，由于市级政府及城市区普遍财力强于县级，在安排民生支出标准时往往按照自身标准设计，大大高于县级标准，而民生政策在区域范围内往往具有比较性和趋同性，使县级政府往往要按照高于自身财力可能的标准去制定民生政策，这些都给县级财政带来了较大负担。

以湖南省为例，很多市州反映，黑臭水体治理、乡镇污水厂建设等任务，受益主体和事权主体主要在县乡两级，但省对下考核又主要以市州为单位，大部分市州都安排了配套资金。又如，部分市州民生标准高于省定标准，"省直管县"执行市州标准时，市级大多又只出政策而配套不足，客观上形成了财力缺口，宁乡市反映，2019 年，城乡居民养老保险省级补

助标准为 103 元/人/月，而长沙市标准为 198 元/人/月，对超出省级标准部分长沙市仅补助 30%，自身需负担 70%，仅此县级一年就需增加支出 18360 万元。此外，醴陵市、湘潭县等均反映有该类情况发生，依赖上级转移支付的"省直管县"财政压力很大。

当前，收支矛盾突出、预算平衡难度大已经成为影响县级财政平稳运行的主要问题。收入方面，县级政府地方收入严重依赖与土地相关的收入，如契税、土地增值税、耕地占用税等，基本占到地方收入的 40% 以上，而这些税种受房地产市场调控影响大，不具有稳定性，难以成为县级收入的支柱。在流转税方面，县级政府往往在产业培育、招商引资方面付出很大代价，但与之相关的收入留给县区的比例不高，如增值税，中央分享 50%，大部分省份县级分享比例不到 20%。支出方面，"上面千条线，下面一根针"，县级财政需要承担各种任务，保工资、保运转、保稳定，又要促发展、抓产业，这些都需要投入大量的财力，同时还需要承担大量与其财力不匹配的支出职能，各种法定支出比例，专项资金占财政支出比例，也肢解了县级财政预算功能。虽然中央和省级都建立了向县级倾斜的转移支付制度，但由于专项转移支付比例仍然较高，除了中央和省级支持部分，县级仍然需要从本级财力中安排配套，否则就不能争取到足够的支持。此外，虽然近几年一般性转移支付占比逐步上升到 60%，但存在专项转移支付一般化的现象，部分一般性转移支付实际上已经安排到人，并不能形成县级可用可支配的财力。

四、财政管理与行政管理体制不协调，基层管理难度加大

虽然大部分省份都推行了财政"省直管县"体制改革，但在行政管理改革方面则总体滞后，大部分省份还是实行市管县的体制，这两种管理体制存在不协调、不匹配，突出表现在：一是项目管理难。在项目申报上，县级财政由省级直管，主要的转移支付、项目支持都由省级财政直接安排到县，但省级项目主管部门由于管理能力、人手等的限制，大部分实行的仍然是省到市、市到县的体制，需要市级发挥作用，而县级往往担心通过

市级申报项目，会由于市级统筹和优先市本级而导致自己的项目落选，更希望直报省级；在项目监管上，省级希望市级发挥作用，加强对县级项目监管，以减轻省级工作量，而县级则担心市级监管会重蹈过去老路，干扰自身项目建设。二是工作协调难。财政工作是行政工作的重要组成部分，虽然实行了财政"省直管县"体制，但省级财政很多工作仍然需要依托市级开展，例如，在收入组织调度上，需要依靠市级党委、政府发挥统筹调度作用；在管理考核上，需要发挥市级财政的作用。但改革后，市级开展相应的工作确实存在阻碍，部分县级还存在不配合现象。

此外，从湖南省的改革实践看，还存在省级地方收入占比下降，调控能力减弱，对县级支持能力有待增强的问题。省级收入是省级财力的重要来源，是加强全省财政统筹、确保新体制取得成功的重要基础。改革前9年（2001~2009年），省级地方收入占全省的平均比重为19.1%，改革后9年（2010~2018年），省级地方收入总量虽然逐年增加，但平均占比下降到16.9%，较改革前下降2.2个百分点，2014年降至最低的15.13%。省级地方收入占比下降，主要原因在于改革后，划归为省级的独享收入增长慢于市县。以烟税为例，2018年，湖南省烟草行业贡献的省级地方税收收入为74.3亿元，占省级地方收入的14.4%，是省级地方收入的重要来源。但相比2009年，湖南省烟草行业实际生产计划由高峰期380万箱下降至2018年350.8万箱，虽然结构有所优化，但税收贡献仍然受到很大影响，税收收入十年间年均增长仅10.46%，低于全省一般公共预算收入增幅3.38个百分点。省级地方收入占比下降影响到省级财政统筹能力。2010~2018年，省级一般公共预算可用财力由579亿元增加至811亿元，但其占全省的比重却呈逐渐下降趋势，由2010年29%降至2018年15%，下降14个百分点。

第二节
我国财政"省直管县"面临的形势挑战

除了体制机制设计及运转中存在的问题外，财政"省直管县"还面临内外部形势变化带来的新挑战。

一、区域经济发展模式发生重大转变，区域中心城市建设进程加快

计划经济时代，受限于交通、物流、技术等因素，县级是区域经济主要承载主体，产业小而全是县级产业的主要特征，各县都兴办诸如火柴厂、化肥厂、纺织厂等民生必需产业，以满足县域范围内经济社会发展需要。市场经济体制下，这种县级产业发展的模式被打破，各种区域经济发展模式多头并进，如特区、开发区、园区，但总的来看，县域经济仍然是区域经济的主要主体。加快县域经济发展，是区域经济发展的主要动能。这种以县为主体的区域经济发展模式，也是财政"省直管县"的重要基础，有利于实现经济发展与提升财政管理水平。

在经济全球化和信息化的大环境下，区域经济发展模式正在发生深刻变革，信息、物流、贸易等交易成本大幅降低，以劳动力、资本、技术聚集为特征的规模经济成为主流，以县域为中心的区域经济发展模式逐渐被以大中城市为中心的城市群发展模式取代。2019 年，习近平总书记指出"中心城市和城市群正在成为承载发展要素的主要空间形式""按照客观经济规律调整完善区域政策体系，发挥各地区比较优势，促进各类要素合理流动和高效集聚，增强创新发展动力，加快构建高质量发展的动力系统，增强中心城市和城市群等经济发展优势区域的经济和人口承载能力"[①]。财政"省直管县"扁平化的发展模式，一定程度上降低了市州中心城市统筹各种资源能力，不利于市州对县级的调控。同时，"省直管县"在产业布局、招商引资等方面存在同质化，也不利于突出重点聚集发展，不利于区域内产业、园区科学布局，实现差异化、链条式发展。

基于以上原因，近几年部分省份掀起"撤县（市）设区"的热潮，省以下财政、行政体制改革也渐渐分化为"省直管县"和"撤县（市）设

---

① 习近平. 推动形成优势互补高质量发展的区域经济布局 [J]. 求是，2019（24）.

区"两个方向。部分需着重发展县域经济的省份还在持续推进"省直管县",如山东省;部分已经完成县域经济发展阶段或更加适合都市圈经济的省份则放缓"省直管县"改革,转而推进"城市群"做大做强,如浙江省。根据民政部披露,我国 2015 年、2016 年"撤县(市)设区"的数量分别达到 26 个、30 个,从侧面反映了地方政府强化大中城市的意愿。此外,国家发改委 2018 年发布的《关于实施 2018 年推进新型城镇化建设重点任务的通知》明确指出"稳妥有序增设一批中小城市,继续开展撤县设市、撤地设市,推动城市群及国家新型城镇化综合试点地区范围内符合条件的县和非县级政府驻地特大镇率先设市。优化城市市辖区规模结构,制定《市辖区设置标准》《市辖区设置审核办法》,稳步推进撤县(市)设区,增强设区市辐射带动作用",中央层面正在加快撤县(市)设区、做大中心城市的步伐。

二、财税改革重心发生转移,加快建立现代财税制度成为主要任务

财政"省直管县"改革是财税改革的重要组成部分。传统上,财税改革大体包括收入改革、支出改革、预算改革、体制改革等几大类,每一个时期都有不同的改革重点。1994 年,分税制改革奠定了中央和地方财政关系基础,分税制改革的重心就是收入划分的改革。1998 年,公共财政开始走上历史舞台,其间虽然有 21 世纪初的所得税分享改革等重大收入改革,但总的来说,改革的重心在支出上,这一期间,建立了政府采购、部门预算、国库集中收付等基本支出制度。随着收入、支出改革的逐步完善,体制改革成为财税改革的重心,2009 年,财政部出台财政"省直管县"改革文件,省以下财政体制改革成为财税改革的中心工作之一。

党的十八届三中全会拉开全面深化改革的大幕,深化财税改革是全面深化改革的重要内容。会议明确,财政是国家治理的基础和重要支柱,科学的财税体制是优化资源配置、维护市场统一、促进社会公平、实现国家

长治久安的制度保障；必须完善立法、明确事权、改革税制、稳定税负、透明预算、提高效率，建立现代财政制度，发挥中央和地方两个积极性；要改进预算管理制度，完善税收制度，建立事权和支出责任相适应的制度。

党的十八届三中全会以来，我国财税体制改革全面发力、多点突破，预算管理制度更加完善，财政体制进一步健全，税收制度改革取得重大进展。同时，财税改革纵深推进将面临更大难度，易改、能改的任务都已经完成或者正在推进，剩下的改革都是难啃的硬骨头，面临诸多制约。一方面，利益固化根深蒂固。增量改革减少，存量改革增加，势必要触碰利益调整，遇到各种阻力。例如，推进事权和支出责任划分改革，虽然制定出台了水利、交通、教育、科技、医疗卫生、生态环境等领域改革文件，但对事权划分和支出责任比例研究和细化不够，没有起到对财税改革的牵引性作用。另一方面，系统改革尚需加强。财税改革与其他经济社会领域改革配合推进不够，受制于外部其他领域改革较多，不能真正发挥财税改革作用。例如，"省直管县"改革涉及诸多部门，各个层面都需要其他部门配合才能推进。财税改革各个领域间配合也还有待加强，单点推进、逐个突破较多，系统推进、全面突破较少。

财政部2018年在《求是》杂志上以党组名义发表《在新的历史起点上加快建立现代财政制度》文章，进一步明确建设现代财税制度的任务：一是构建以共享税为主的中央地方收入分配格局。在保持现有中央地方财力格局总体稳定的前提下，加快税制改革，健全地方税体系，合理划分中央和地方收入范围，形成财力协调的中央和地方财政关系。二是加快划分中央与地方财政事权和支出责任。加快工作进度，尽快制定出台相关领域中央与地方财政事权和支出责任划分改革方案。在拟订方案时，充分考虑我国国情特点，可确定在一段时期内中央与地方共同财政事权稍多一些，使之同中央与地方收入划分相适应。主要领域中央与地方财政事权和支出责任大体划分清楚后，配套相应转移支付制度，有力促进中央与地方权责清晰、财力协调，推进基本公共服务均等化。三是优化中央对地方转移支付制度。完善后的转移支付制度要体现维护党中央权威和集中统一领导，符合转移支付的属性功能，有利于发挥中央调控作用，并同中央与地方财政事权划分相衔接，更好发挥中央和地方两个积极性。四是健全财政收支预算管理。切实落实预算管理制度改革成果，加强政府预算统筹协调，规范收入预算管理，强化中央部门预算的约束作用，防止和纠正地方脱离实际出台支出政策，积极推动社会保险基金精算平衡，打通政府预算、资产、债务管理链条，实施跨年度预算平衡和中期财政规划管理，硬化预算约束作用，增强财政可持续性，推动各级政府全面履职尽责。五是全面实施预算绩效管理。实现预算和绩效管理一体化，将绩效管理深度融入预算编制执行监督全过程，着力提高财政资源配置效率和使用效益。

党的十九届五中全会通过的《中共中央关于制定国民经济和社会发展第十四个五年规划和二〇三五年远景目标的建议》，明确提出建立现代财税体制的目标要求、主要任务和实现路径。"十四五"时期，我国财税改革将在巩固现有成果基础上，按照建设现代财税体制的总体要求，继续稳步推进税制、预算、财政体制等各项改革，进一步深化预算管理制度改革、理顺中央与地方财政关系、完善现代税收制度。

可以看出，在税制改革上，主要是税收法定和建立地方税体系；在预算管理改革上，主要是推进全口径管理和预算绩效管理改革；在财政体制改革方面，主要方向已经转向事权和支出责任划分改革。财政"省直管县"改革作为省以下体制改革的主要内容，必须要适应新的财税改革方向，按照新的要求进一步完善体制机制设计。

三、地方政府考核指挥棒发生转变，追求经济增长不再是唯一目标

地方政府是改革的设计者和实践者，其发展理念影响改革进度和效果。很长一段时间内，推动经济增长是地方政府的主要目标，地方政府考核"唯GDP论"较为明显。在这种制度安排和指挥棒下，财政"省直管县"本身所具有的推动经济增长的功能，成为地方政府高度看重的地方，省直管县有更大动力追求经济增长，这也是其经济增长速度快于非直管县

的动力源泉。

　　进入新时代,我国经济已由高速增长阶段转向高质量发展阶段。我国正处在转变发展方式、优化经济结构、转换增长动力的攻关期,必须坚持质量第一、效益优先,以供给侧结构性改革为主线,推动经济发展质量变革、效率变革、动力变革,提高全要素生产率,着力加快建设实体经济、科技创新、现代金融、人力资源协同发展的产业体系,着力构建市场机制有效、微观主体有活力、宏观调控有度的经济体制,不断增强我国经济创新力和竞争力。相应地,对地方政府的绩效考核,也已经从"唯GDP论"转变到政治、经济、社会、环境、公共服务等各个方面的综合评价,地方政府必须转变狭隘的只追求GDP的理念,把重心转变到为经济社会发展提供优质服务上来。这种转变,对财政"省直管县"也带来了深刻影响,使改革本身对推动县域经济增长的功能追求弱化,更多转向推动基本公共服务均等化。

四、财政运行面临新困难,财政平衡调控难度加大

　　未来一段时间,财政紧平衡和收支矛盾加剧将成为常态。从收入看,中国面临的内外部环境,如人口红利消失、土地能源等生产要素成本攀升、宏观杠杆率上升、全球贸易保护主义抬头、西方技术封锁等导致经济增速下行可能具有长期性,大规模减税降费对经济增长和税基扩大的作用不明显,财政稳定增收的不确定性因素较多。从支出看,全面脱贫任务已经完成,但巩固脱贫成果,推进乡村振兴任务繁重,财政民生支出不减反增;教育、社保、卫生、就业、养老等民生项目需要进一步提标扩面,落实"三保"任务,财政保障难度加大;高质量发展转型升级、维护国家安全等刚性支出易上难下,自然灾害、突发事件造成的不确定减收增支因素增加,财政平衡难度加大,各级财政特别是基层财政的收支矛盾有加剧的趋势。同时,新时期财政被提到国家治理的高度,也被赋予了更多使命。财政需要实现国家战略目标与财政能力的平衡、发展与安全的平衡、稳增长和防风险的平衡、减税降费和财政可持续性的平衡、短期经济社会稳定

与长期内生增长动力的平衡、民生福利改善与科技强国的平衡、财力许可与社会期待的平衡等,财政工作综合平衡难度大,提升财政治理水平和效能迫切而艰巨。因此,保持财政运行平稳顺畅、财政职能有效实现、财政政策稳定灵活、财税体制科学完善,充分发挥财政在国家治理中的基础和重要支柱作用,成为当前财政经济面临的重大挑战。

省级财政是否具备强大的调控能力,也是影响"省直管县"改革的关键性因素。根本上说,财政"省直管县"依赖于省级财政对直管县的倾斜支持,省级财力越强,就越适宜实施财政"省直管县"体制,而这种倾斜依赖于省级财政集中更多的可支配财力。省级财力来源于中央转移支付、省级自身财力及集中的全省财力,如何科学分配这些财力,既不能影响经济发达地区的发展积极性,造成"鞭打快牛"的效果,又能够支撑满足全省基本公共服务均等化的目标任务,考验省级财政的调控能力。

➡ 第三节
新形势下我国财政"省直管县"的重要机遇

除了面临的问题、挑战外,财政"省直管县"也有不少机遇,要全面客观分析,准确把握。

一、中央财政资金直达机制常态化

财政资金直达机制最初是应对新冠肺炎疫情影响的非常之举,指的是中央财政资金快速直接地拨付市县基层,无须层层下解。2020 年,新冠肺炎疫情对经济社会造成前所未有的冲击,财政收入大幅下滑,基层财政"保基本民生、保工资、保运转"面临巨大挑战。为推动中央规模性纾困政策迅速落地,保障基层正常运转,国务院创新设立资金直达机制,将新增的 2 万亿元财政资金快速拨给市县基层政府,省级财政只当"过路财神",不得截留资金,解决了以往转移支付资金层层分解下拨、耗时较长的问题。这笔资金预算指标最快仅 7 天就下达至基层,下达速度更快、投向更加精准、管理更加规范，为稳住经济基本盘，保障基本民生等发挥了重要作用。

《中共中央关于制定国民经济和社会发展第十四个五年规划和二○三五年远景目标的建议》提出，加强财政资源统筹，增强国家重大战略任务财力保障。正是由于应对新冠疫情的实践取得良好效果，2021年初，财政部根据国务院部署，着力推动建立常态化的财政资金直达机制，按照"扩大范围、完善机制、严格监管、强化支撑"的原则，在保持现行财政体制、资金管理权限和保障主体责任基本稳定的前提下，把直接用于基层财力保障的一般性转移支付、年初可直接分配的中央和地方共同财政事权转移支付、具备条件的专项转移支付纳入资金直达机制范围。仅2021年就涉及中央财政资金2.8万亿元，基本实现中央财政民生补助资金全覆盖。同时，完善部门协调配合机制，强化对行业部门的业务指导和监督职责，加强财政监管和审计监督，推动形成职责清晰、分工明确、沟通顺畅、协调高效的工作格局。健全直达资金监控系统，拓展数据分析和预警功能，进一步推进部门之间的数据开放共享，强化对直达资金的全过程、全链条、全方位监控。可以说，探索实施财政资金直达广覆盖、常态化，就是减少资金拨付"弯道"，实现资金到项目"直达"，以制度固化财政资金配置效能。

建立常态化的财政资金直达机制，对基层财政来说是保障方式上的重大变革和优化。财政"省直管县"为资金直达机制奠定了基础，有利于中央、省更加精准掌握资金、项目安排和使用情况，确保资金安全规范高效使用。同时，资金拨付环节减少，资金使用效益提高，也能更好地解决财政"省直管县"聚焦的核心问题。

一方面，资金直达机制有利于推动完善"省直管县"体制。财政资金直达机制的常态化，为省级政府资金直接到县提供范本，有助于地方建立中央转移支付资金直达基层的"快速通道"、提高资金拨付效率，在精准基础上，通过实施规模性、结构性、差异性直达管理，进一步服务市场主体和困难群体，促进经济社会持续稳定健康发展。同时，资金直达机制的建立，必然伴随着资金监管体系的完善，可以借助这一体系构建完善"省直管县"监督体系，切实加强对相关资金分配使用的监督管理，有助于基层进一步用快、用准、用好财政资金，提高"六保""六稳"等重点领域的保障水平。此外，通过常态化直达机制的建立，有助于实施财力下沉，减少财政层级，进一步扩大增加县级财力，增强自我供给能力，有助于推动完善现有"省直管县"资金分配复杂、事权与支出责任划分不清等问题，在当前地方财政收支矛盾凸显的情况下，也有助于防范和化解基层财政风险。

另一方面，资金直达机制也有利于倒逼县级政府健全资金使用、监督体系。财政"省直管县"推进的一大难点是基层资金使用体系不够完善，各方面程序薄弱。中央对直达资金高度重视，建立了严密的监测和监管体系，通过信息管理系统，适时监测资金使用进度情况，县级政府作为直达资金使用的主要责任主体，需要接受各方面的监督，较好地避免了挪用、浪费等现象发生。同时，资金直达机制，有利于强化对项目支出绩效目标、执行进度的监控，确保财力性转移支付、政策性专项转移支付真正实现中央宏观调控目标。

二、预算管理一体化全面实施

现代信息技术是支撑财政"省直管县"改革的重要基础。信息资源的有效配置是在一定信息结构基础上进行的，当所获取的信息质量不高时，管理者便无法有效解决问题。同时，下级组织由于缺乏决策权，加大了管理者有限理性成本和执行成本。实行财政"省直管县"，从理论上来说，可以调整现有的"省—市—县"的多级管理模式，减少市一级参与者，降低省与县之间的信息不对称，然而，由于政府之间体系庞杂，县级基础设施落后，省与县直接对接较为困难，所以最开始实施"省直管县"需要额外付出大量行政成本，难以有效广泛开展。可以说，技术手段和技术性基础设施水平直接影响行政管理模式的选择与行政效率的实现。中国省县之间的地市级行政管理层次和机构，除因为社会行政管理事务过于繁重以外，很大程度上是由于落后的交通与通信条件导致的。

因此，技术进步和基础设施的改善，为"省直管县"创造了硬件上的条件。随着互联网、物联网的普及，特别是5G、大数据、人工智能等现代信息化技术的运用，政府间传递信息的流程明显缩短，信息的时效性和准确性大大增强，有效提高了各类信息的传输效率，减少了信息传递过程中产生的信息失真现象，保证了省级直接管理县的政令畅通。特别是随着我国各地电子政务的普及，上下级政府之间及同级政府职能部门之间的信息网络已经基本完善。尤其从财政部门来看，财政资料涉及大量的数据与信息，如果没有现代信息技术的引入，省与县级之间的交流将变得极为困难，财政"省直管县"改革也就难以从实质上有效推进。

预算管理一体化建设是财政部在总结历次财政预算改革经验基础上，将制度规范与信息系统建设紧密结合，用系统化思维全流程整合预算管理各环节业务规范，通过将规则嵌入系统强化制度执行力，为新时期深化预算制度改革指明了方向，也是做好新时代财政工作的基本遵循。为推动预算管理一体化进程，财政部先后印发《关于印发〈财政核心业务一体化系统实施方案〉的通知》和《预算管理一体化规范（试行）》，要求各地结合实际情况，修订完善预算管理有关规程，有序推进预算管理一体化建设。根据这一要求，"省直管县"也应将所有的政府收支纳入预算管理，推进全面预算管理制度建设，严格按照预算法要求，建立完整的预算管理体制。因此，预算管理一体化为优化"省直管县"预算管理，加强信息整合提供了基础。

一方面，有利于提升项目的真实性和科学性。由于省级管辖范围太大，省级层面对基层项目编制管理往往力不从心。预算管理一体化可以有效推动基层政府完善预算编制体系和程序，构建项目库储备项目，保证项目真实性和有效性。结合"二上二下"编制要求，省级财政部门可以对"省直管县"预算编制加以指导，对业务部门提出的资金预算建议和有关的原材料申报按定员定额标准进行审核，重点审查新项目支出预算。虽在实际实行中，"省直管县"在"二上二下"程序上不及省、市两级严格规范，但相较于预算管理一体化实施前，有了实质性进步。

另一方面，有利于加强基层财政预算审查监督。预算管理一体化可以借助财政一体化管理系统、金财工程共享系统等，全面、精准、高效地掌握预算编制、预算执行等数据，为有关部门预算审查监督汇总提供技术保障。目前，按照财政部要求，不少省份正在建立对县级预算的审查备案制度，但县级财政预算由于县的数量多，相应的预算数据往往数量非常巨大、内容也很复杂，情况也各不相同，各有各的特殊情况，要逐一审查，必须要耗费大量的人力物力财力，而通过预算管理一体化，大大改进了省对"省直管县"的审查和监督方式，可以实现数据的真实、实时反映，可以实现横纵向的互相印证对比，提升了预算审查监督的精准性。

三、交通运输体系现代化加快实现

近年来，随着我国经济社会的快速发展，交通基础设施建设取得了巨大成就，以高速公路、高铁为代表的现代交通运输体系正在逐步实现县级的基本全覆盖。高速公路方面，我国 2009 年的通车里程只有大约 6.5 万公里，而到 2019 年已经达到 15 万公里；高铁方面，更是从零起步，到现在接近 4 万公里，已经成为我国一张亮眼的"名片"。

这些变化，一方面使信息传递的完整性和时效性得以保证，极大地提高了现代政府的管理效能，扩大省级政府的有效管理幅度，提升省级管理的效率，为省级政府直接有效的领导县级创造了条件。另一方面随着交通物流的发展各地区的交流通道基本被打通，一定程度上解决了偏远地区的发展问题，有利于实现城乡优势互补融合发展，促进城乡一体化，使财政"省直管县"从制度优势转化为发展优势。

四、放管服改革深入推进

深化放管服改革是党中央、国务院着眼正确处理政府与市场关系，减少对市场主体的干预，降低市场主体的生产成本，增强市场主体活力的重要举措。当前，高度的行政垄断仍严重干扰着市场在资源配置中决定性作用的发挥，部分地方政府既是地方经济的组织者和推动者，又是地方经济的监管者和受益者，政府的职能发生越位和错位。随着放管服改革的深入推进，有中国特色的社会主义政府管理模式逐步完善，资源配置由政府主导型转向市场主导型，政府大量的微观经济管理职能转向宏观调控，这从根本上减轻了各级政府的工作量，尤其是中央和省级政府，这就为财政"省直管县"提供了可能。

➡ 第四节
本章小结

本章着重从存在的现实问题、面临的形势挑战和重要机遇等内容分析新时期我国财政"省直管县"改革面临的新形势。

我国财政"省直管县"体制已经运行了很长一段时间，体制设计本身存在的改革红利逐渐缩小、市级指导监督职责发挥不足、市县事权与支出责任划分不够完善、财政与行政管理体制不匹配等问题开始逐步显现。此外还面临内外部环境变化带来的挑战，包括区域中心城市建设进程加快、财税改革重心逐步转变为建设现代财税制度、地方政府职能发生转变、财政运行面临的平衡调控难度加大等。机遇与挑战并存，随着财政体制改革的纵深推进，中央财政资金直达机制常态化、预算管理一体化全面实施、交通基础设施现代化、放管服深入推进等有利因素，也将为新时期深化财政"省直管县"改革提供有利契机。

第七章

深化财政"省直管县"改革的思路与政策建议

当前，财政"省直管县"正走在改革的十字路口，向哪改、怎么改，深刻影响今后一段时期财政管理体制。深化财政"省直管县"改革，要以习近平新时代中国特色社会主义思想为指导，深入贯彻新发展理念，主动将财政"省直管县"改革嵌入新发展格局，嵌入现代财税体制，嵌入区域协调发展，不断完善体制机制，进一步理顺省以下政府间财政分配关系，推动市县政府加快职能转变，激发体制推动经济增长的新活力。

➡ **第一节**
深化财政"省直管县"改革的指导思想

一、嵌入构建新发展格局

2020 年 10 月，中共十九届五中全会通过的《中共中央关于制定国民经济和社会发展第十四个五年规划和二〇三五年远景目标的建议》提出，要加快构建以国内大循环为主体、国内国际双循环相互促进的新发展格局。构建新发展格局，一个中心任务就是推动全国统一大市场建设，推动国内经济大循环，增强国内大循环在双循环中的主导作用。2021 年 1 月，中共中央办公厅、国务院办公厅《建设高标准市场体系行动方案》提出，通过 5 年左右的努力，基本建成统一开放、竞争有序、制度完备、治理完善的高标准市场体系。

建成高标准市场体系，发挥超大规模国内市场优势，财税体制将发挥重要作用。在财税体制建设实践中，既要发挥中央和地方两个积极性，调动地方积极性，又要促进统一市场建设，这是一个难题。财税体制的核心就是财权与事权的分配，财权赋予地方财政利益，有利于激发积极性；事权赋予地方职责，有利于地方管理经济社会事务。因此，在下一步深化财政"省直管县"改革中，要把科学配置各级财权、事权作为重心，既要考虑调动地方积极性，又要打破割裂状态，维护统一市场建设目标。省级要发挥财政调控作用，科学推动产业、企业、园区布局，改变县级生产布局趋同、重复投资的现象，通过差异化发展，发挥县级各自优势，增强核心竞争力。要通过收入分享改革，引导县级改变发展理念，推动县级地方财政收入从主要依靠土地、基础设施投资，转向更多依靠企业发展，增强可持续发展能力，推动新发展格局形成。

二、嵌入建立现代财税体制

建立现代财税体制是深化财税体制改革成果的巩固拓展。党的十九大报告指出，要加快建立现代财政制度，建立权责清晰、财力协调、区域均衡的中央和地方财政关系。

财政"省直管县"作为省以下财政体制的一种管理模式，在"十四五"时期，要按照建立现代财税体制的任务和要求，重点围绕完善预算管理制度、健全省以下财税体制、构建地方税体系等内容，不断拓展省直管县涉及的收支划分、转移支付、财政预决算、政府债务管理等多方面改革范围。在税制改革方面，要加快培育地方税源，充分挖掘各种闲置资源潜力，适当下放地方税种征管权限，逐渐完善现代财税体系，从根本上解决地方财政困难；积极完善征管制度、建立全国税收征管信息库等，进一步深化税收征管制度改革。在预算改革方面，要强化省级财政对市县预算编制的指导,按照经济社会发展目标和宏观调控总体要求,指导地方和部门统筹各类资源,集中力量办大事;强化预算约束和绩效管理,提升财政资源配置和资金使用两个效益;完善预算绩效管理考核,建立预算安排与绩效结果挂钩的激励约束机制。在管理改革方面,加强预算控制约束和风险防控,强化中期财政规划对年度预算的约束,加强对重大政策、重大政府投资项目等财政承受能力评估;提高预算管理信息化水平,建立全覆盖、全链条的转移支付资金监控机制;理顺政府债务管理与财政体制的关系,将政府债务管理纳入地方财政体制改革范围。

三、嵌入区域协调发展战略

习近平总书记在党的十九大报告中指出,"实施区域协调发展战略","建立更加有效的区域协调发展新机制"[①]。2019年,习近平总书记再次强调"中心城市和城市群正在成为承载发展要素的主要空间形式""按照客观经济规律调整完善区域政策体系,发挥各地区比较优势,促进各类要素合理流动和高效集聚,增强创新发展动力,加快构建高质量发展的动力系统,增强中心城市和城市群等经济发展优势区域的经济和人口承载能力"[②]。这说明,未来一段时期,区域经济发展将由原来以县级为基础的点状模式,转变为以区域中心建设为重点的城市群和都市圈,市级中心城市与县域经济的作用和地位要重新进行定位。

财政"省直管县"作为立足推动县域发展的管理模式,也要适应这种新变化,更加突出城市群在推进区域协调发展的主体地位。一是要进一步加快发展壮大县域经济。以县域作为局部经济中心,辐射带动周边乡镇和农村发展。把适合省直管的县市挖掘出来,强大其经济和内生发展动力,充分调动县域经济发展的积极性。二是要加强市与县、县与县之间的互联互通,根据各地实际情况,将与周边地理位置邻近、产业发展互补、城市

---

① 习近平. 决胜全面建成小康社会,夺取新时代中国特色社会主义伟大胜利——在中国共产党第十九次全国代表大会上的报告[R]. 2017 - 10.
② 习近平. 推动形成优势互补高质量发展的区域经济布局[J]. 求是,2019(24).

规划协调的强县、强市联合发展，避免改革后市与县、县与县形成的孤岛效应。三是加快培育新生中小城市，引导特色小镇健康发展，促进形成大中小城市和小城镇协调发展的格局。建立更加有效的区域协调发展新机制，充分发挥市场机制作用，清除各种显性、隐性市场壁垒，促进生产要素跨区域自由有序流动，提高资源配置效率。通过财政体制改革试点，逐渐补齐城乡区域间资源配置不均衡、硬件软件不协调、服务水平差异较大等短板，提高各地区群众服务可及性，实现城乡区域间基本公共服务均等化。

➡ 第二节
深化财政"省直管县"改革的主要原则

一、因地因时制宜的原则

财政"省直管县"改革已经实行很长一段时间，到了深度优化调整阶段。要根据各地经济发展水平、基础设施状况等条件，确定改革模式、步骤和进度，不搞"一刀切"。一是该调就调。主要是对现行管理模式下，及时调整收入、支出、管理模式等划分方面不符合实际情况的内容，确保改革符合新形势新要求。二是该扩就扩。不同的发展基础，应该寻求不同的模式，部分地方特别是中西部地区，财力水平较低，大部分县级属于典型的"补贴型"财政，对上级转移支付依赖程度很高，实行财政"省直管县"更有利于缓解基层财政困难，担负起保民生、保工资、保运转"三保"主体责任。这些地区可以视情况扩大省直管范围。三是该收就收。部分地方财政实力较强，市级有能力支持所辖县市区发展，这种可以适当收缩范围。部分较为落后地区的经济发展强县，对全省是贡献型财政，从省级获得的转移支付很少，继续实行省直管县，一方面上级补助额度会少于市管，另一方面也不利于市级中心城市辐射能力的提升。

二、有利于县域经济发展的原则

发展是硬道理，也是解决一切问题的根本路径。目前，县级面临的财政收支平衡困难等问题，需要上级给予帮助扶持，更重要的是自力更生，加快自身发展，增强经济实力。一是保持体制基本稳定和科学衔接。稳定是发展改革的前提。立足新时代，统筹中华民族伟大复兴战略全局和"世界百年未有之大变局"，财税体制改革需要一个稳定的环境，这个稳定就是改革推进要平稳，不能引起过大的波动。纵观历次财税体制改革，都遵循"存量不动，增量调整"的原则。因此，财政"省直管县"调整完善，需要在保持既得利益基本稳定前提下，妥善处理收支划分、基数划转等问题，给市县政府一个稳定的预期，确保改革平稳过渡和顺利进行。二是充分调动各级发展积极性。科学划分各级事权和支出责任，鼓励支持地方培育壮大财源，不断挖掘和培育新财源，优化产业布局，畅通生产、分配、交换、消费各个环节，切实提高管理水平，以财政高质量发展推动经济高质量。适当调整收入分成比例，保留更多财力于基层，同时加大省对下转移支付力度，优化转移支付结构，稳步提高一般性转移支付占比，增加基层可支配财力，减轻基层配套负担。

三、科学处理省市县关系的原则

财政"省直管县"改革涉及多方利益调整。目前，最难处理的是市级财政与县级财政关系，特别是市级财政指导、衔接功能高效发挥问题。省级要发挥统筹协调职能，建立奖惩机制，按照财权和事权相对应的原则，统筹协调各市县责任划分，实现省直管县财政体制与市管县行政管理体制的有机结合，充分调动市、县两级经济发展的积极性。同时，省级财政要会同相关部门抓紧优化管理制度，创新管理机制，逐步建立县级基本财力保障制度，加大对财力薄弱县的支持力度。市级要充分发挥指导职能，做好县级与省级对接，加强对县级财政支持。要清楚地认识到，"省直管县"

改革后，市级财政对县市仍具有业务指导、监督管理等职能，扭转"省无暇顾及""市无权监管"的现状，进一步加强市级对县级财政的监管力度。县级要充分抓稳抓实收入来源，用好用活新增财力，把主要精力放在协调发展县域经济、提升公共服务水平、优化发展环境等方面的重点项目上。

➡ 第三节
深化财政"省直管县"改革的政策建议

建议在稳定、巩固的基础上，适度调整和优化现行财政管理体制，进一步厘清省、市、县财权与事权关系，不断完善转移支付制度，优化营商环境，因地制宜、分门别类指导财政"省直管县"改革，从区域经济增长、公共服务水平、经济运行效率、产业结构优化等多方面综合评价改革的经济效应。

一、改变投资拉动型县域经济增长模式，培育更多经济增长点、增长极

当前，财政"省直管县"改革所产生的支出分权竞争激励，主要通过扩大辖区内固定资产投资和吸引新企业进入拉动经济增长，但这种粗放型经济增长模式不具有可持续性，从动态效应看，财政"省直管县"改革对地区经济增长的正向影响随时间递延不断减弱。持续改革红利需要做好以下几点。

一是要同步推进经济体制改革，深化简政放权，进一步扩大县级经济社会管理权限，减少地方政府对市场主体的不当干预，深化市场化改革。优化投资环境，提升区域资源配置效率。要加强和规范事中事后监管，着力提升政务服务能力和水平，切实降低制度性交易成本，激发市场活力和社会创造力，增强发展动力。要深化商事制度改革，持续精简涉企经营许可事项，推行以减事项、减要件、减环节、减证照、减时限为重点的"五减"改革。

二是要加强科技创新带动。要优化科技资源配置,发挥企业技术创新主体作用,推动创新要素向企业集聚,促进产学研深度融合。引导企业和金融机构以适当形式加大支持,鼓励社会捐赠、基金会等多渠道投入,形成持续稳定投入机制。建立健全科学评价体系、激励机制,鼓励广大科研人员解放思想、大胆创新。要拓宽市场主体融资渠道,支持符合条件的民营企业、中小企业依法发行股票、债券及运用其他融资工具,扩大直接融资规模,转变地方依靠举债投资拉动县域经济增长的路径。要加强人才引进,建立具有吸引力的中高端人才引进、使用机制,在政治、经济、人口、教育、卫生等方面实行特殊待遇,建立持续的跟踪、爱护和温暖机制,使人才真正做到引得进、留得住、用得好。

三是要加强县域产业培育。要立足地方资源禀赋、优势条件,积极培育具有地方特色的产业体系,打造核心竞争力。要健全完善产业支持政策体系,综合采取财政、金融等扶持政策,支持产业做大做强。要着力培育龙头企业,并以龙头企业为依托,通过产业链招商、供应链招商等方式,积极引入上下游企业,延伸产业链条。要加强产业园区建设,完善园区基础设施,加强标准厂房建设,降低企业生产成本。

二、建立动态评估机制,逐步调整财政"省直管县"范围

财政"省直管县"改革并非只有效益没有成本,要一体两面地看待改革影响。一方面,改革促进部分县域经济发展,有效解决"市刮县""市挤县"问题;另一方面,也减少了地级市财政统筹所辖县市财政渠道,降低所辖县市共同发展的能力和积极性,甚至出现只有竞争没有合作的情形,最终导致经济小规模增长,就像一个小池塘,无法养出大鱼。当"省直管县"邻近市州中心城市时,"省直管县"改革对本地区的经济发展产生抑制作用。目前,各省在选择"省直管县"时,也较少考虑是否能与市州形成区域经济一体化发展的因素。"省直管县"改革在不同地区、不同阶段、不同做法的经济效应都是不同的,想要用好用活财政"省直管县"体制,就不能搞"一刀切"政策。

一是要建立改革动态评估机制。应以五年为周期,全方位动态评估改革效应,有对比性地观察直管县与非直管县经济发展情况,并多方听取市、县、省直部门、企业及社会意见,及时发现改革存在的不足和问题,有针对性地采取措施。

二是要逐步调整财政"省直管县"改革范围。对与市州中心城市地理位置和经济联系紧密的邻近县,可通过城市道路延伸连为一体,具备城市区潜力的"省直管县",在市县均同意的条件下,可以转由市州管理。以湖南省为例,宁乡市、浏阳市已成为县域经济强县,省财政补助逐渐减少,而长沙市本级具有较强的带动作用。2018 年,省财政对两市的补助分别为 36.53 亿元、38.67 亿元,长沙市对两市的专项补助分别为 10.02 亿元、11.57 亿元。两市下放后,返还性收入和一般性转移支付收入基本保持不变,长沙市将增加两市财力性转移支付,两市实际财力大体上不会受影响,更有利于促进长沙市打造国家级中心城市。

三、强化市级指导监督职责,赋予一定管理权限

财政"省直管县"改革不是简单的县、市两级从"父子关系"变"兄弟关系",也不是说县财政的一切收支都由省财政统管,而是要通过财政"省直管县"规范省、市、县三级政府财政关系,缩减市级政府的一部分财力,增加县级政府的自主权,最终提高县乡政府的公共服务能力,促进省内各地区基本公共服务的均等化。因而,要纠正部分市级财政认为改革后县级财政"与我无关"、县级财政认为市级财政"不要管我"的片面认识。

一是强化市级帮扶职责。财政"省直管县"形成的政府资金管理扁平化结构,容易导致省对县级政府资金的监督约束弱化,同时也使地级市中间平台作用发挥不好。要强化市级统筹县域发展的责任,将市级对辖区内省直管县帮扶情况,作为各市财政管理绩效考核的重要内容,并与省级奖励资金挂钩。省财政根据市级自有财力安排直管县补助资金数额、占本级财力比重等因素设置奖励档次,按一定比例给予奖励。省级奖励资金,应

统筹用于支持财政"省直管县"发展。

二是下放部分省级考核权限。对省财政设立的考核事项,如市县财政管理工作考核、专项资金考核等,适当赋予市州部分指标的评分权限,由市州根据县市区相关工作情况提出考核建议,作为省级评价的重要参考,资金仍由省财政直接拨付到县,充分发挥市级财政熟悉情况、掌握信息的优势,调动市级财政积极性。对市州财政工作主动、成效显著、完成任务较好的给予专项奖励,支持市州改善财力状况。同时,建议省直业务主管部门在项目管理、绩效评价上给市级部分评分权限,调动市级业务主管部门工作积极性。

三是下划部分省级收入给市县。在保持省级财力稳定增长的基础上,以中央对地方转移支付制度为蓝本,结合地方实际,规范省以下转移支付制度。严格按照"因素法"统一核定地方的标准收入、标准支出及总补助数额,充分发挥省级调节县域间财力均衡的作用,同时也能增强市县政府征信能力,更加客观真实反映市县 GDP 与财政收入比例关系。

四是加强市级对资金使用的监管。实施省直管县后,市级政府"靠边站",而省级又管不过来,财政资金实现"直通车"直接到县,而监管上又鞭长莫及。在资金使用监管上,要进一步加强市级对县的监管力度,努力改变"省管不到""市无权管"的现状。逐步建立各项转移支付的绩效评价、监督考核等机制,完善绩效评价指标体系,建立制度完善、约束有力的转移支付使用绩效评价机制。

四、加快推进省以下财政事权和支出责任划分改革,科学划分省市县三级事权和支出责任

事权和支出责任划分改革是当前财税体制改革的重点,也是调整完善财政"省直管县"需要着重考虑的重要内容。要结合事权和支出责任划分改革,推进财政"省直管县"在收入、支出等各个方面的同步改革。

一是加快立法进程,制定政府间财政关系法。将中央与地方财政事权和支出责任划分基本规范,以法律和行政法规的形式固定下来,省以下地

方各级政府间财政事权和支出责任划分相关制度以地方性法规、政府性规章作出规定，逐步实现政府间财政事权和支出责任划分法制化、规范化。

二是规范支出责任分担方式。在保证省级一定宏观调控能力的前提下，根据财政事权的特点适度上收或下放部分财政事权，规范省以下政府间财政关系，明确省政府统筹推进区域内基本公共服务均等化职责，强化市县政府的执行职责。坚持以差别化原则确定共同财政事权支出责任分担方式，支出责任逐步实现按比例分担，并保持基本稳定。建立支出责任分担办法动态调整机制，充分考虑地方经济发展状况、财力水平等因素，确定支出责任的分担方式。加强基本公共服务保障地区标准管理，确保标准合理适度和民生政策可持续。

三是完善事权划分动态调整机制。目前，国务院相关文件已要求建立财政事权划分动态调整机制，但实际操作中尚未落地。随着经济社会的发展或者根据国家的重大决策，涉及需对政府间事权进行调整或补充时，必须遵循既定的事权调整机制和程序。通过事前调整的法律制度安排，给予事权调整涉及的政府以平等充分的话语权，严格保证政府间事权调整的公平、公开、民主和法定。

五、加快推进收入划分改革，增强引导调动激励功能

科学推进收入划分改革，既要增强县级基层可用财力，夯实基层自身财源，又要有利于强化省级财政调控能力，增强对下转移支付能力。

一是以规范的分税制办法为主体理顺收入划分。以财政运行、收入质量、可用财力等为依据，分区域、分等级制定财政体制及税收分享比例，建立以按税收或按比例分享为主体的省与市县收入划分模式，充分发挥税收在调节地方财力格局中的主导作用。规范上级财政通过体制结算调整税收分成办法，确保名义收入与实际财力相匹配，逐步改变企业收入逐级下放，解决"一级财政无直接收入"问题，实现财政体制规范统一。

二是加快构建地方税体系。加快推进房地产税、消费税等税种改革，在完善地方税体系后，对财力格局划分有确实测算依据的基础上，再调整

中央与地方收入分享比例，避免因部分新设税种收入难以预计，出现改革反复。在中央实施统一立法和税种开征基础之上，适度下放地方税权，包括税目设置、税率设定、税收优惠等适度分权，同时也充分考虑政策洼地的矛盾。

三是规范地方财政体制激励政策。探索建立符合高质量发展要求的财政体制评价机制，逐步规范对特殊区域、特定行业发展的激励政策，进一步维护市场统一和区域税赋公平。清理完善特殊地区横向收入分成政策，切实增强财政体制严肃性。

六、完善省以下转移支付制度，推进基本公共服务均等化

科学的转移支付制度，是确保财政"省直管县"取得效果的关键，要以促进均等化为目标，完善转移支付制度，不断缩小区域发展差距，逐步实现共同富裕目标。

一是加快构建促进基本公共服务均等化的转移支付体系。在科学划分各级政府的职能、事权、支出范围、财权的基础上，健全与事权和支出责任划分改革相衔接的财政转移支付制度，优化转移支付分类，厘清各类转移支付的功能定位。对一般性转移支付，突出均衡地区间财力配置的功能，完善稳定增长机制，更好保障地方政府落实"三保"责任和推动区域协调发展。对专项转移支付，突出精准导向。主要用于引导地方贯彻落实上级党委、政府决策部署，推进项目间统筹整合，提高资金使用效益，不再单纯强调压减比重和减少数量。做好转移支付测算，明确上级垂管部门的经费负担责任主体，逐步缩小各地区基本公共服务差距。

二是完善转移支付下达和告知制度。对资金提前下达、预下达、告知等进行明确的规定，主要采取提前足额和适度超额下达的方式加快资金拨付进度，并根据资金使用情况在次年提前下达时予以清算。

三是加大财力性转移支付规模。大力压减和归并专项转移支付，大幅增加均衡性转移支付和县级基本财力保障转移支付资金规模，逐步降低困难地区专项配套比例，帮助地方缓解基层财政困难，给地方财政尤其是县

乡财政更多财力支持。

四是调整均衡性转移支付分配系数。将各地的人均支出作为主要指标，确定各省市的转移支付系数，以进一步加大对人均支出水平较低地区的补助力度，把常住人口人均财政支出差异控制在合理区间。

七、理顺政府债务管理与财政"省直管县"的关系，积极构建新型县域经济发展投融资机制

在以固定资产投资驱动为核心的县域经济增长模式下，由于县级财政普遍较为困难，通过设立平台公司举债融资成为大部分县级政府的发展路径，由此也带来政府债务的大幅增加，导致政府债务风险。从数据上看，财政"省直管县"政府债务表现出快于非直管县的增长态势，虽然导致这种现象的原因是多方面的，但其相关性仍然是显而易见的。一是在 GDP 驱动下，县级由于相对市辖区发展滞后，地理位置、资源各方面又有较大差距，有更强动力推动以负债形式实现发展。二是省直管县后，形式上政府债务由省管，但由于管理范围、能力限制，省级财政事实上难以完全管理到位，也容易导致县级政府债务管理的放松。三是政府债务并非完全的财政问题，与金融也密切相关。财政"省直管县"下，县级财政某种程度上得到省级财政背书，地方平台公司获得地方银行的融资贷款能力增强。但是，当前党中央、国务院高度关注政府性债务风险，防范化解政府债务风险成为"三大攻坚战"的重中之重。因此，调整完善财政"省直管县"时，也要重视和考虑省、市、县政府债务管理问题，切实防范风险，确保财政健康可持续。

一是坚持底线思维，牢牢守住不发生系统性风险底线。着力建立责权利相统一的财政投融资管理体制，建立政府主要领导领衔、财政部门具体组织、政府投融资部门参与的高规格联席制度，改变政府投融资"多头管理"、利益部门化格局。统筹整合不同部门间、部门内部机构投融资管理职能，能归口的尽量归口管理，不能归口的加强协调沟通，保证财政投融资"借、用、管、还"的统一管理。同时，在实施政府投融资过程中，要

牢固树立防范债务风险意识，不盲目扩大投融资规模。坚持"量入为出"的基本原则，强化项目财政可承受能力论证，对没有明确的资金来源的政府性投资项目一律不予审批，不得开工建设，防止出现"政绩工程"和"形象工程"。建立奖惩机制，激励督促高风险地区尽快压减隐性债务规模，降低债务风险等级。优化新增债限额管理，限额分配要与地方政府承债能力挂钩，压减主观因素调整成分，限制地方政府债务杠杆抬升。同时，要针对不同类型的债务风险采取差异化的防控措施，做到积极稳妥、留有余地，防止出现"一刀切"。

二是加强财政中长期规划对投资中长期规划引领。细化财政中长期规划编制内容，科学编制滚动项目库，明确投资中长期规划必须与财政中长期规划相统一、相衔接，确保投资预算与财政预算相平衡、与项目规划相匹配和跨年度平衡。要逐步建立以权责发生制为基础的资本预算制度，编制统一的资本预算，明晰政府未来在各类投融资中需要承担的支出责任，并与资产对应，形成基本的风险—收益管理基础。同时，积极强化项目储备制度、专家咨询制度、项目公示制度和绩效评价制度等制度建设，进一步保障投资中长期规划的规范合理。

三是建立政府投资项目绩效评价全覆盖制度。要把政府投资项目作为绩效评价重点，督促建立投资绩效评价体系，加强财政投资评审和绩效评价，突出社会公益性、投资边际效益及财政可持续性指标。要构建投资全过程预算绩效管理链条，以绩效为抓手强化政府投资项目全过程、全周期、全覆盖管理，建立动态评价调整机制，突出项目建设实效。

四是按照"控制增量、消化存量"的总体原则推进政府性债务化解。一方面，要严格控制债务增量，确保政府债务限额不突破、隐形债务不增加、资金链条不断裂、政府性债务可持续。要进一步提高底线意识和"红线"意识，加大力度摸底隐性债务规模，研判隐性债务化解措施。对于城投公司举债要严格监管，明晰债务主体与偿债资金来源，保证偿债资金的稳定，避免进一步形成政府债务风险。此外，要规范有序运用PPP、政府投资基金等政策工具，引导社会资本投向经济建设和产业发展的"主战场"。另一方面，要用好用活债务存量，对下级政府性债务重点关注规模上限，允许其在限额内实现债务结构优化组合。要统筹利用各类金融资源，优化债务结构，拉长债务期限。要进一步完善债务风险预警机制、隐性债务监测机制和应急处置预案，对各类风险都要做到风险早发现、早提示、早处置。

五是加强政府专项债投资项目管理。严格专项债发行适用领域范围，加强"一案两书"实质性审查，严格专项债资金使用投资管理，防止专项债项目过度包装、"重投轻管"及专项债一般化问题。要明确专项债券专用专管属性，严格避免统筹进入地方财政资金池。要在确保质量的基础上，平稳项目收益专项债的发行，同时加强对地方公共债务融资的期限、成本、偿债资金来源和效益等方面的审核、评估与监测，避免集中快上而影响债务资金使用质量，真正实现项目自身收益与债券本息的平衡。此外，要在保证不超过债务限额的前提下，合理扩大专项债券规模，科学安排投向结构，避免重大项目和在建项目资金断裂。

六是平稳推进平台公司整合和市场化转型。科学处理平台公司机关行政人员、市场引进人员关系，加强市场人才培养，防止平台公司"形整神散"。构建多元筹资融资格局，抓住企业债、公司债注册制改革的重大契机，用好用活债务、PPP、政府基金等市场化融资手段，强化市场竞争意识，积极参与市场竞争，真正成长为有市场竞争力的公司。要科学定位平台公司功能，分类推进投融资平台公司整合和市场化转型，健全法人治理结构，提升经营能力，增强造血能力。要强化平台公司融资配套机制建设，加快社会信用体系建设，加强融资担保体系建设，实现各融资平台银企信息的互动与共享，降低综合融资成本。

附录一 全国财政"省直管县"主要文件目录

[1]《关于推进省直接管理县财政改革的意见》(财预〔2009〕78号)

[2]《关于扩大部分县(市)经济管理权限的通知》(浙委办〔2002〕40号)

[3]《关于扩大县(市)经济管理权限的通知》(湘办发〔2005〕18号)

[4]《关于进一步完善省直管县财政管理体制的实施意见》(黑发〔2006〕16号)

[5]《关于扩大部分县(市)经济管理权限的决定》(陕政发〔2007〕25号)

[6]《关于进一步扩大县(市)经济管理权限的通知》(苏办发〔2008〕17号)

[7]《关于实行省直管县财政体制的通知》(冀政〔2009〕51号)

[8]《关于实行省直接管理县(市)财政体制改革试点的通知》(鲁政发〔2009〕110号)

[9]《关于完善财政体制推行"省直管县"改革的通知》(湘发〔2010〕3号)

[10]《关于全面推进省直管县财政管理体制改革工作的通知》(甘政发〔2011〕1号)

[11]《关于改革完善自治区对县财政体制促进县域经济发展的实施意见》(桂政办发〔2017〕96号)

[12]《关于在部分县(市)开展深化省直管县财政管理体制改革试点的通知》(晋政发〔2017〕29号)

[13]《关于深化省直管县管理体制改革完善省直管县管理体制的意见》(豫发〔2018〕3号)

[14]《关于深化省以下财政管理体制改革的实施意见》(鲁政发〔2019〕2号)

附录二 主要文件摘录

财政部关于推进省直接管理县财政改革的意见

财预〔2009〕78 号

各省、自治区、直辖市财政厅（局）：

根据《中共中央 国务院关于地方政府机构改革的意见》（中发〔2008〕12 号）、《国务院关于编制 2009 年中央预算和地方预算的通知》（国发〔2008〕35 号）以及《中共中央 国务院关于 2009 年促进农业稳定发展农民持续增收的若干意见》（中发〔2009〕1 号）中关于"推进'省直管县'财政管理方式改革，充实内容和形式，加强县（市）财政管理"和"将粮食、油料、棉花、生猪生产大县全部纳入改革范围"的要求，现就进一步推进省直接管理县财政改革提出如下意见。

一、总体思路

推进省直接管理县财政改革，要以邓小平理论和"三个代表"重要思想为指导，深入贯彻落实科学发展观，按照社会主义市场经济和公共财政的内在要求，理顺省以下政府间财政分配关系，推动市县政府加快职能转变，更好地提供公共服务，促进经济社会全面协调可持续发展。

推进省直接管理县财政改革，必须坚持因地制宜、分类指导，各地要根据经济发展水平、基础设施状况等有关条件，确定改革模式、步骤和进度，不搞"一刀切"；必须坚持科学规范、合理有序，要按照分税制财政体制的要求，进一步理顺省以下政府间事权划分及财政分配关系，增强基层政府提供公共服务的能力；必须坚持积极稳妥、循序渐进，保证市县既得利益，尊重实际情况，妥善处理收支划分、基数划转等问题，确保改革的平稳过渡和顺利运行；必须坚持协调推进、共同发展，充分调动各方发展积极性，增强县域发展活力，提高中心城市发展能力，强化省级调控功能，推动市县共同发展。

改革的总体目标是，2012年底前，力争全国除民族自治地区外全面推进省直接管理县财政改革，近期首先将粮食、油料、棉花、生猪生产大县全部纳入改革范围。民族自治地区按照有关法律法规，加强对基层财政的扶持和指导，促进经济社会发展。

二、主要内容

实行省直接管理县财政改革，就是在政府间收支划分、转移支付、资金往来、预决算、年终结算等方面，省财政与市、县财政直接联系，开展相关业务工作。

（一）收支划分。在进一步理顺省与市、县支出责任的基础上，确定市、县财政各自的支出范围，市、县不得要求对方分担应属自身事权范围内的支出责任。按照规范的办法，合理划分省与市、县的收入范围。

（二）转移支付。转移支付、税收返还、所得税返还等由省直接核定并补助到市、县；专项拨款补助，由各市、县直接向省级财政等有关部门申请，由省级财政部门直接下达市、县。市级财政可通过省级财政继续对县给予转移支付。

（三）财政预决算。市、县统一按照省级财政部门有关要求，各自编制本级财政收支预算和年终决算。市级财政部门要按规定汇总市本级、所属各区及有关县预算，并报市人大常委会备案。

（四）资金往来。建立省与市、县之间的财政资金直接往来关系，取消市与县之间日常的资金往来关系。省级财政直接确定各市、县的资金留解比例。各市、县金库按规定直接向省级金库报解财政库款。

（五）财政结算。年终各类结算事项一律由省级财政与各市、县财政直接办理，市、县之间如有结算事项，必须通过省级财政办理。各市、县举借国际金融组织贷款、外国政府贷款、国债转贷资金等，直接向省级财政部门申请转贷及承诺偿还，未能按规定偿还的由省财政直接对市、县进行扣款。

三、工作要求

为确保顺利推进省直接管理县财政改革，各地要认真开展相关工作，妥善处理好各方面的利益关系。省级财政要会同有关部门抓紧调整管理制度，积极创新管理机制，将有关工作延伸到县；要逐步建立县级基本财力保障机制，加大对财力薄弱县的支持力度，实现"保工资、保运转、保民生"的目标；要规范财政预算外资金管理，全面清理预算外分配事项，理顺政府间预算外资金管理和分配关系；要加强财政管理信息化建设，构建省级与市、县的财政信息化网络，提高工作效率。市级财政要继续关心和帮助县级财政发展，加强对县乡财政工作的指导。县级财政要积极、主动配合省、市级财政做好有关改革工作，增强自我发展、自我约束意识，认真落实财政改革各项措施，提高财政管理的科学化、精细化水平。

省直接管理县财政改革涉及财政利益调整，政策性强，牵涉面广，各级财政部门要树立大局意识，加强组织领导，积极、主动、稳妥地推进改革，细化方案，精心实施。已经全面实行改革的地区，要密切跟踪改革进展，进一步规范和完善。正在进行试点的地区，要总结经验，加快推进。尚未开展试点的地区，除民族自治地区外，要尽快制定试点方案，积极推进改革。

以上意见，请遵照执行。

财 政 部

二〇〇九年六月二十二日

中共湖南省委 湖南省人民政府
关于完善财政体制推行"省直管县"改革的通知

湘发〔2010〕3号

各市州、县市区委，各市州、县市区人民政府，省直机关各单位：

为进一步完善分税制财政管理体制，规范政府间财政关系，促进县域经济快速发展，推进基本公共服务均等化，统筹城乡区域协调发展，根据中央有关精神，结合我省实际，决定从 2010 年 1 月 1 日起，调整省以下财政体制，推行财政"省直管县"改革。现将有关事项通知如下：

一、**基本原则**

分税分享，统一规范。改变按企业行政隶属关系划分收入的办法，主要税种实行省与市州、县市按统一比例分别分享，进一步理顺政府间收入分配关系。

存量不动，增量调整。在确保各级政府既得财力的基础上，对新增收入形成的财力按比例进行调整。

利益共享，风险共担。各级政府共同分享经济发展的成果，共同分担因经济形势和政策变化等带来的减收风险。

精简高效，注重基层。改变现行的财政管理模式，推行财政"省直管县"，提高财政运行效率，财力向基层倾斜。

二、**主要内容**

（一）收入划分。将增值税地方部分、营业税纳入分享范围，由省与市州或省与县市按比例分别分享；将企业所得税地方部分和个人所得税地方部分由省与市州分享调整为省与市州或省与县市按比例分别分享；调整资源税分享比例；原实行分享的土地增值税和城镇土地使用税下放市州、县市；其他财政收入省与市州、县市划分范围不变。

1. 增值税：湖南中烟公司、华菱集团（含所属独立核算企业）的增值税继续作为省级收入。将其他原属省级收入的电力、石化、冶金、有色等增值税下划市州、县市，与原属各市州、县市的增值税一起，由省与市州或省与县市分别按25∶75比例分享。

2. 营业税：除中央所属铁路以外的其他铁路运营环节实现的营业税，高速公路和铁路设计、施工、监理环节实现的营业税继续作为省级收入。将其他原属省级的国家和省重点工程营业税、金融保险系统营业税以及其他省属企业的营业税下划市州、县市，与原属各市州、县市的营业税一起，由省与市州或省与县市分别按25∶75比例分享。

3. 企业所得税：湖南中烟公司、华菱集团（含所属具有法人资格企业）以及部分跨省市总分机构（原中央跨地区经营企业）等企业所得税继续作为省级收入。将原属省级的湘投公司、财信控股等企业所得税下划市州、县市。企业所得税省与市州或省与县市分别按30∶70比例分享。

4. 个人所得税：个人所得税省与市州或省与县市分别按30∶70比例分享。

5. 资源税：省与市州或省与县市分别按25∶75比例分享。

6. 其他税收收入：土地增值税、城镇土地使用税、房产税、城市维护建设税、印花税、车船税、烟叶税、耕地占用税、契税等其他税收收入作为市州或县市固定收入。

7. 非税收入：除属于省、市州、县市固定非税收入之外，其他非税收入由省与市州或省与县市分别分享。

8. 基数核定。增值税、营业税、资源税、土地增值税、城镇土地使用税以及新下放的企业所得税等税收基数，以2009年1~10月的实际完成数为基础推算2009年全年的完成数，并考虑特殊客观因素计算确定。新下放的其他重点工程设计、施工、监理环节实现的营业税实行零基数下放。

按照新体制确定的分享比例，将市州、县市上划税收与省下划税收相抵后，市州、县市上划税收大于省下划税收的差额部分由省作为基数返还市州、县市，市州、县市上划税收小于省下划税收的差额部分由市州、县市作为基数上解省。以后年度，省对各市州、县市的增值税、营业税、企业所得税和个人所得税实行分税种考核，对收入达不到基数的市州、县市，省相应扣减其基数返还或增加其基数上解。

（二）支出划分。根据省与市州、县市事权划分，按照公共财政的要求，合理确定省与市州、县市的支出划分。

省财政支出主要包括：省级一般公共服务支出，省级负担的公共安全、教育、科技、文化、医疗卫生、社会保障、环境保护、城乡社区事务、农林水事务、交通运输等各项支出。

市州、县市财政支出主要包括：市州、县市一般公共服务支出，市州、县市负担的公共安全、教育、科技、文化、医疗卫生、社会保障、环境保护、城乡社区事务、农林水事务、交通运输等各项支出。

（三）"省直管县"。除市辖区以及湘西自治州所辖县市、长沙县、望城县仍维持省管市州、市州管县市的财政管理体制外，其余79个县市实行财政"省直管县"改革。改革后省直管市州、县市共93个。具体管理方式如下：

1. 财政体制。以2009年为基期年，对改革前市与县市的各类收入划分、补助（上解）、税收返还等基数，按照保既得利益的原则，经市与县市双方协商确认后，由省财政统一办理划转。改革后市与县市在财政管理体制上相互独立，设区市不再分享所属县市收入和新增集中县市财力。

2. 转移支付。省对下转移支付补助（含一般性转移支付和专项转移支付）由省财政厅或省财政厅会同省直有关部门直接分配下达到市州、县市。

3. 资金调度。各市州、县市国库直接对中央、省报解财政收入，省财政直接确定各市州、县市的资金留解比例和资金调度。

4. 债务管理。2009年底以前的国际金融组织贷款、外国政府贷款、国债转贷资金和中央、省财政有偿资金等，到期后由市州、县市直接归还省财政。2010年起，新增债务由市州、县市财政直接向省财政办理有关手续并还款。

5. 收入计划。省国税局、省地税局、省非税局等收入征管部门，按照国家有关政策，根据全省和市州、县市经济发展目标，将收入任务分别直接下达到市州、县市。

6. 财政结算。各类财政结算事项一律通过省财政与各市州、县市统一办理。

7. 继续加大对湘西自治州的支持力度。根据民族区域自治法的规定，省对湘西自治州仍实行省管州、州管县市的财政管理体制，同时省对湘西自治州继续给予重点支持和照顾。

三、配套政策

（一）加大对困难地区的支持力度。为缩小地区间财力差距，省财政因调整财政体制集中的收入增量，全部用于减免财政困难县市、国家和省扶贫开发重点县、少数民族县的财政体制上解和增加对财政困难县市的转移支付补助。

（二）建立促进优势地区和县域经济加快发展的激励机制。省财政建立激励型转移支付制度，对税收收入增长较快、贡献较大的优势地区根据其贡献大小给予挂钩奖励。同时加大"五奖二补"政策实施力度。鼓励设区市继续支持县域经济发展。

（三）调整省对市州、县市的"两税"返还。按照新的增值税和消费税收入口径，重新核定各市州、县市上划中央"两税"基数和"两税"返还系数，省财政不再按0.1系数集中各市州、县市的"两税"返还。

四、工作要求

（一）统一认识，加强组织领导。完善财政体制、推行"省直管县"改革是继我省1994年实施分税制财政管理体制以来的又一次重大改革。各级党委、政府及有关部门要统一思想，提高认识，加强指导，认真抓好各项政策落实和工作衔接。省财政厅、省国税局、省地税局、人民银行长沙中心支行等部门要统筹谋划，周密安排，加强协作，尽快抓紧研究制定具体实施办法，确保改革平稳推进、顺利实施。省直其他部门要适应改革要求，转变工作思路和方法，按财政"省直管县"的要求将各项工作布置落实到县市。

（二）明确职责，充分发挥市级作用。财政"省直管县"后，仍将保留设区市对县市财政业务指导、工作衔接和监督管理等职能。各设区市财政部门可以根据省级财政部门的委托或授权代行部分职能。各设区市财政部门要履行职责，加强对所属县市的业务指导和监督，认真完成省布置的各项工作任务。

（三）认真清理，合理确定划转基数。各设区市与县市要全面清理现有的各项收支划分、财力补助、专项拨款和其他结算事项，并逐项提出划转意见，合理确定划转基数。设区市原给县市的各项补助及按政策要求承担的配套，要以2009年为基数继续安排给县市。除法律法规规定外，今后原则上不再要求设区市承担新增对县市资金配套任务。

（四）严肃纪律，禁止擅自出台优惠政策。各级政府及财税部门要严格执行各项财政税收法律法规，严禁擅自出台税收减免或先征后返等优惠政策，也不得通过变更收入科目等转移收入。

（五）加快构建"省直管县"信息网络平台。财政、税务、人民银行等部门要加快构建省、市、县及财、税、库互联互通信息网络平台体系，为"省直管县"提供强有力的信息技术支撑。

本通知具体实施办法由省财政厅会同有关部门另行制定。

附件：财政"省直管县"名单

财政"省直管县"名单

浏阳市　宁乡县　株洲县　醴陵市　攸　县　茶陵县　炎陵县　湘潭县　湘乡市　韶山市　衡南县　衡阳县　衡山县　衡东县　常宁市　祁东县　耒阳市　邵东县　新邵县　隆回县　武冈市　洞口县　新宁县　邵阳县　城步县　绥宁县　汨罗市　平江县　湘阴县　临湘市　华容县　岳阳县　津市市　安乡县　汉寿县　澧　县　临澧县　桃源县　石门县　慈利县　桑植县　沅江市　南　县　桃江县　安化县　东安县　道　县　宁远县　江永县　江华县　蓝山县　新田县　双牌县　祁阳县　资兴市　桂阳县　永兴县　宜章县　嘉禾县　临武县　汝城县　桂东县　安仁县　冷水江市　双峰县　涟源市　新化县　沅陵县　辰溪县　溆浦县　麻阳县　新晃县　芷江县　中方县　洪江市　洪江区　会同县　靖州县　通道县

中共湖南省委
湖南省人民政府
2010年1月12日

山东省人民政府
关于深化省以下财政管理体制改革的实施意见

鲁政发〔2019〕2号

各市人民政府，各县（市、区）人民政府，省政府各部门、各直属机构，各大企业，各高等院校：

为进一步理顺省以下财政分配关系，引导各地加快新旧动能转换，促进经济高质量发展，推动全省基本公共服务均等化，经省委、省政府研究同意，现就深化省以下财政管理体制改革提出如下实施意见。

一、总体要求

（一）指导思想。以习近平新时代中国特色社会主义思想为指导，全面贯彻落实党的十九大和十九届二中、三中全会精神，坚决落实习近平总书记视察山东重要讲话、重要指示批示精神，紧扣社会主要矛盾变化，按照建立现代财政制度要求，坚持高质量发展，进一步理顺省与市县财政收入划分体制，优化省以下财力分配格局；推进省与市县财政事权和支出责任划分改革，健全省对市县转移支付制度；深化省财政直管县体制改革，进一步加大对财政困难地区支持力度，加快建立权责清晰、财力协调、区域均衡的省与市县财政关系，为开创新时代现代化强省建设新局面提供有力支撑。

（二）基本原则。一是优化财力配置。调节财力增量分配格局，在保障各地既有财力的基础上，促进新增财力在级次之间、地区之间合理配置，促进区域协调发展。二是明晰事权责任。建立基本公共服务领域财政事权与支出责任相匹配的财政体制，规范省与市县分担方式，兜牢民生底线。三是强化激励约束。完善财政分配政策，调动市县积极性，促进经济高质量发展。四是注重统筹兼顾。既与其他领域改革相互衔接，也为下一步贯彻中央财税改革留出空间，形成改革合力。

二、完善省与市县财政收入划分体制

（一）调整省与市县税收分成办法。除石油、电力、高速公路、铁路等省级保留跨区域经营特殊企业税收外，从 2019 年起，对市县增值税、企业所得税、个人所得税和资源税、房产税、城镇土地使用税、土地增值税、耕地占用税、契税收入比 2017 年增长部分，省与市、省财政直接管理县（市，以下简称省财政直管县）按照 20：80 的比例分成。其中，省级分成部分，执行中作为市县收入，属地征管、就地缴库，年终由市县通过体制结算上解省财政。

（二）调整省级对青岛市财力集中政策。从 2019 年起，青岛市专项上解省财政资金增加到 30 亿元，并以此为基数，以后每年按青岛市当年财政收入增幅递增上解，重点用于对财力薄弱地区的转移支付，支持全省区域协调发展。

三、深化基本公共服务领域省与市县共同财政事权和支出责任划分改革

（一）合理划分基本公共服务领域省与市县财政事权。按照基本公共服务受益范围与政府管辖区域基本保持一致的原则，逐步规范基本公共服务领域省与市县财政事权划分。加强省级在实施经济调控、维护统一市场秩序、体现社会公平正义、保持全省经济社会稳定、推动区域协调发展、促进全省基本公共服务均等化等方面的财政事权。将直接面向基层、量大面广、与当地居民密切相关、由市县提供更方便有效的基本公共服务确定为市县的财政事权。对难以明确区分受益范围、但有公共需求且有利于促进全省经济社会协调发展的公共服务，逐步明确为省与市县共同财政事权。

（二）将重大基本公共服务事项首先列为省与市县共同财政事权。根据《国务院办公厅关于印发基本公共服务领域中央与地方共同财政事权和支出责任划分改革方案的通知》（国办发〔2018〕6 号）要求，将涉及群众基本生活和发展需要、以人员或家庭为补助对象或分配依据、省与市县共担支出责任、需要优先和重点保障的教育、医疗、养老等八大类 17 项重大基本公共服务，首先列入省与市县共同财政事权范围（见附件 1），加大保障力度。基本公共服务领域共同财政事权范围，今后根据国家改革要求和我省经济社会发展情况相应进行调整。在严格落实基本公共服务保障国家基础标准的前提下，由省级按规定统一制定全省基本公共服务保障标准。各市可因地制宜制定高于全省统一标准的地区标准，并事先按程序报省级备案后执行，高出部分所需资金自行负担。

（三）规范基本公共服务领域省与市县共同财政事权的支出责任分担方式。进一步明确细化17项基本公共服务分级保障责任，具体分为三类：第一类，包括义务教育公用经费保障、家庭经济困难学生生活补助、中等职业教育国家助学金、中等职业教育免学费补助、普通高中教育国家助学金、普通高中教育免学杂费补助、城乡居民基本养老保险补助、城乡居民基本医疗保险补助、基本公共卫生服务、计划生育扶助保障10个事项，实行省级分档分担办法。省级对16市（不含青岛市）补助比例分为40%、50%、60%、70%、80%五档，对省财政直管县分为70%、80%、90%三档（见附件2）。第二类，包括免费提供教科书、受灾人员救助2个事项，暂按现行政策执行。第三类，包括基本公共就业服务、医疗救助、困难群众救助、残疾人服务、城乡保障性安居工程5个事项，省级分担比例主要依据地方财力状况、保障对象数量等因素确定。

四、改革完善省对市县转移支付制度

（一）实施支持新旧动能转换重大工程财政体制激励政策。2018～2020年，建立与新旧动能转换成效挂钩的转移支付分配机制，根据各市经济运行质量效益、创新驱动发展、对外开放、生态环保、旧动能淘汰、安全生产等新旧动能转换重点指标完成情况，予以分档奖励。建立财政收入结构优化奖励机制，对税收比重提高幅度、主体税收比重和财政收入增幅达到一定要求的市，给予奖励。建立高新技术企业税收增长奖励机制，对高新技术企业缴纳增值税、企业所得税增量部分，按一定比例奖励所在市。建立重点园区"亩均税收"领跑者激励机制，对《山东省新旧动能转换重大工程实施规划》确定的重点园区，开展以"亩均税收"为主的税收贡献评价，依据评价结果实施分档激励。建立"飞地"项目税收利益分享机制，对省内各级政府引导的企业跨区域投资建设重大产业项目，打破行政区域界限，实行项目转出地与转入地主体税收共享。建立绩效评价与预算安排挂钩机制，积极推进重大政策和重点项目事前绩效评估，开展绩效监控和评价，做到"花钱必问效，无效必问责"。以上政策，到期后根据政策实施效果进行调整。

（二）完善省对财政困难地区的转移支付制度。省级因提高税收分成比例新增的财力，用于增加县级基本财力保障机制资金规模，并按照"保基本、补缺口"的原则，加大对财政困难县（市、区）的补助力度。建立均衡性转移支付稳定增长机制，促进地区间财力均衡。

（三）创新完善生态文明建设财政奖补机制。为强化市县环境保护责任，从2019年起，根据化学需氧量、氨氮、二氧化硫、氮氧化物等4项主要污染物年排放总量，对东、中、西部地区分别按每吨800元、600元、400元的标准（氨氮按每百公斤），向各市（含青岛市）政府征收主要污染物排放调节基金，以后年度逐步提高征收标准。省级所收取的调节基金，统筹用于建立大气、水、节能减排奖惩机制和重点生态功能区、自然保护区生态补偿制度，大力促进生态文明建设。具体办法由省财政厅会同省生态环境厅制定。

（四）完善市县财政增收激励约束机制。为鼓励市县振兴实体经济，2019～2020年，实施增值税增收激励政策，对省级因体制改革从市县集中的增值税增量收入给予全额返还，促进经济转型升级。实施市县税收增长约束政策，提高财政收入质量。

五、深化省财政直管县体制改革

（一）扩大省财政直管县范围。按照优先突破薄弱县、兼顾区域一体化发展的原则，调整和扩大省财政直管县范围（见附件3）。省级财政在财政收支划分、转移支付、政府债务限额、资金往来、预决算、年终体制结算等方面，与省财政直管县直接建立业务往来关系。加强对省财政直管县分类绩效评价，提升县乡财政管理水平。结合全面扩权强县改革，制定实施支持县域经济发展、激发县域发展活力的财政政策措施。

（二）健全省市共同帮扶省财政直管县机制。强化市级统筹县域发展的责任，将市级对所辖省财政直管县帮扶情况，作为各市财政管理绩效考核的重要内容，并与省级转移支付分配挂钩。省财政根据市级以自有财力安排省财政直管县的补助资金数额，对东、中、西部地区分别按 10%、20%、30% 的比例给予奖励。省级奖励资金，应统筹用于支持省财政直管县发展。

六、工作要求

深化省以下财政管理体制改革，是推动我省财税领域制度创新、加快构建现代财政制度的重要举措，对于推动全省区域协调发展、促进新旧动能转换、实现经济高质量发展具有重要意义。各级党委、政府要从大局出发，进一步提高政治站位，以高度的责任感、使命感和改革创新精神，认真履职尽责，确保改革后新体制平稳运行。省直有关部门要积极发挥职能作用，加强协作配合，共同推进改革落实。省财政部门要发挥牵头作用，加强统筹协调，周密安排部署，精心组织实施，做好工作衔接，为改革顺利实施提供坚实保障。

以上意见自 2019 年 1 月 1 日起施行，具体实施细则由省财政厅制定。

附件：1. 部分基本公共服务领域省与市县共同财政事权清单（略）

2. 省对市县部分重大民生政策分档补助比例（略）

3. 省财政直接管理县（市）名单（略）

山东省人民政府

2019 年 1 月 1 日

参 考 文 献

[1] 薄贵利. 稳步推进省直管县体制 [J]. 中国行政管理, 2006 (9): 29 – 32.

[2] 才国伟, 黄亮雄. 政府层级改革的影响因素及其经济绩效研究 [J]. 管理世界, 2010 (8): 73 – 83.

[3] 才国伟, 张学志, 邓卫广. "省直管县" 改革会损害地级市的利益吗? [J]. 经济研究, 2011, 46 (7): 65 – 77.

[4] 曹清峰. 国家级新区对区域经济增长的带动效应 [J]. 中国工业经济, 2020 (7): 43 – 60.

[5] 曹育明, 袁其谦. 湖南省直管县财政体制改革政策研究 [M]. 长沙: 湖南人民出版社, 2011.

[6] 陈德球, 陈运森, 董志勇. 政策不确定性、税收征管强度与企业税收规避 [J]. 管理世界, 2016 (5): 151 – 163.

[7] 陈思霞, 许文立, 张领祎. 财政压力与地方经济增长——来自中国所得税分享改革的政策实验 [J]. 财贸经济, 2017 (4): 37 – 53.

[8] 陈永立. 财政 "省直管县" 改革与县域经济增长 [D]. 南开大学, 2018.

[9] 范子英, 彭飞, 刘冲. 政治关联与经济增长——基于卫星灯光数据的研究 [J]. 经济研究, 2016 (1): 114 – 126.

[10] 范子英, 田彬彬. 税收竞争、税收执法与企业避税 [J]. 经济研究, 2013 (9): 99 – 111.

[11] 方红生, 张军. 财政集权的激励效应再评估: 攫取之手还是援助之手? [J]. 管理世界, 2014 (2): 21 – 31.

[12] 房亚明. 治理空间、权力监控与政府层级的制度选择——对

“省直管县”的冷思考 [J]．湖北社会科学，2010 (7)：17 – 21.

[13] 傅光明．论省直管县财政体制 [J]．财政研究，2006 (2)：22 – 25.

[14] 高军，王晓丹．“省直管县”财政体制如何促进经济增长——基于江苏省2004 – 2009年数据的实证分析 [J]．财经研究，2012 (3)：4 – 14.

[15] 龚锋，雷欣．中国式财政分权的数量测度 [J]．统计研究，2010，27 (10)：47 – 55.

[16] 郭杰，李涛．中国地方政府间税收竞争研究——基于中国省级面板数据的经验证据 [J]．管理世界，2009 (11)：54 – 64.

[17] 韩春晖．“省管县”：历史与现实之间的观照——中国地方行政层级的优化改革 [J]．行政法学研究，2011 (1)：115 – 122.

[18] 韩艺，雷皓桦．地方行政层级改革中的市县关系：一个演化模型分析 [J]．国家行政学院学报，2014 (3)：56 – 60.

[19] 郝靖戎．“省直管县”适用性的制度经济学分析 [J]．黑龙江生态工程职业学院学报，2011，24 (3)：62 – 65.

[20] 贾俊雪，宁静．纵向财政治理结构与地方政府职能优化——基于省直管县财政体制改革的拟自然实验分析 [J]．管理世界，2015 (1)：7 – 17.

[21] 贾俊雪，张永杰，郭婧．省直管县财政体制改革、县域经济增长与财政解困 [J]．中国软科学，2013 (6)：22 – 29.

[22] 贾康，于长革．“省直管县”财政改革的意义、内容及建议 [J]．中国税务，2010 (4)：27 – 29.

[23] 李广众，贾凡胜．财政层级改革与税收征管激励重构——以财政“省直管县”改革为自然实验的研究 [J]．管理世界，2020 (8)：32 – 49.

[24] 李猛．“省直管县”改革的经济影响 [J]．经济学家，2012 (3)：55 – 58.

[25] 李萍．财政体制简明图解 [M]．北京：中国财政经济出版社，2010.

[26] 李雪峰，贾晋，王慧．“省直管县”改革的目标评估与路径优化 [J]．农村经济，2016 (4)：20 – 24.

［27］李一花，李齐云．县级财政分权指标构建与"省直管县"财政改革影响测度［J］．经济社会体制比较，2014（6）：148－159.

［28］李永友，周思娇，胡玲慧．分权时序与经济增长［J］．管理世界，2021，37（5）：71－86＋6.

［29］廖建江，祝平衡．湖南"省直管县"财政体制改革对县域经济发展影响实证分析［J］．经济地理，2017，37（4）：52－57＋116.

［30］林春．财政分权与中国经济增长质量关系——基于全要素生产率视角［J］．财政研究，2017（2）：73－83＋97.

［31］林尚立．国内政府间关系［M］．杭州：浙江人民出版社，1998.

［32］林毅夫，刘志强．中国的财政分权与经济增长［J］．北京大学学报（哲学社会科学版），2000（4）：5－17.

［33］刘冲，乔坤元，周黎安．行政分权与财政分权的不同效应：来自中国县域的经验证据［J］．世界经济，2014（10）：123－144.

［34］刘福敏，刘伟．"省直管县"体制改革对县域经济发展的影响测度——基于浙江省和四川省的数据［J］．经济体制改革，2019（2）：68－75.

［35］刘昆．完善推动高质量发展的财政制度体系［J］．中国财政，2018（24）：4－6.

［36］刘尚希，李成威．财政"省直管县"改革的风险分析［J］．当代经济管理，2010，32（10）：1－8.

［37］刘叔申，吕凯波．"省直管县"财政改革的公共卫生服务水平提升效应——基于江苏省2004－2009年县级面板数据的分析［J］．经济与管理评论，2012，28（4）：67－71.

［38］刘素姣．基于城乡协调发展的"省直管县"体制改革研究［D］．上海交通大学，2017.

［39］刘翔．从省管县财政体制到省管县行政体制的改革：文献综述［J］．成都行政学院学报，2012（4）：91－96.

［40］刘小勇．经济增长视野下的中国财政分权实证研究［M］．北京：经济科学出版社，2009.

［41］刘晓茜．省直管县改革对县域经济绩效和民生改善的影响［D］．

西南交通大学，2018.

　　[42] 刘勇政，贾俊雪，丁思莹. 地方财政治理：授人以鱼还是授人以渔——基于省直管县财政体制改革的研究 [J]. 中国社会科学，2019 (7)：43-63.

　　[43] 楼继伟. 中国政府间财政关系再思考 [M]. 北京：中国财政经济出版社，2013.

　　[44] 卢现祥. 西方新制度经济学 [M]. 北京：中国发展出版社，2003.

　　[45] 吕冰洋，马光荣，毛捷. 分税与税率：从政府到企业 [J]. 经济研究，2016 (7)：13-28.

　　[46] 罗植，杨冠琼，赵安平. "省直管县"是否改善了县域经济绩效：一个自然实验证据 [J]. 财贸研究，2013，24 (4)：91-99.

　　[47] 马光荣，李力行. 政府规模、地方治理与企业逃税 [J]. 世界经济，2012 (6)：93-114.

　　[48] 毛捷，赵静. "省直管县"财政改革促进县域经济发展的实证分析 [J]. 财政研究，2012 (1)：38-41.

　　[49] 毛寿龙. 西方公共行政学名著提要 [M]. 南昌：江西人民出版社，2006.

　　[50] 缪小林，伏润民，王婷. 地方财政分权对县域经济增长的影响及其传导机制研究——来自云南106个县域面板数据的证据 [J]. 财经研究，2014 (9)：4-15.

　　[51] 宁静，赵旭杰. 纵向财政关系改革与基层政府财力保障：准自然实验分析 [J]. 财贸经济，2019 (1)：53-69.

　　[52] 欧阳煌. 财政政策促进经济增长：理论与实证 [M]. 北京：人民出版社，2007.

　　[53] 潘小娟等. 攻坚：聚焦省直管县体制改革 [M]. 北京：中国社会科学出版社，2013.

　　[54] 庞明礼，李永久，陈翻. "省管县"能解决县乡财政困难吗？[J]. 中国行政管理，2009 (7)：39-44.

　　[55] 庞明礼，马晴. "省直管县"改革背景下的地级市：定位、职

能及其匹配 [J]. 中国行政管理, 2012 (4): 74 – 77.

[56] 庞明礼, 石珊, 金舒. 省直管县财政体制改革的困境与出路——基于对 H 省 174 位财政局长的调查 [J]. 财政研究, 2013 (4): 6 – 10.

[57] 庞明礼. 对 "省直管县" 改革问题的理性反思 [J]. 武汉科技大学学报 (社会科学版), 2009, 11 (3): 40 – 44.

[58] 申学锋, 王子轩. "省直管县" 财政体制改革脉络及文献述论 [J]. 地方财政研究, 2018 (9): 68 – 72.

[59] 沈坤荣, 付文林. 中国的财政分权制度与地区经济增长 [J]. 管理世界, 2005 (1): 31 – 39 + 171 – 172.

[60] 盛琳. 深化湖南省直管县财政体制改革的思考 [J]. 湖南行政学院学报, 2013 (3): 15 – 19.

[61] 石亚军, 施正文. 从 "省直管县财政改革" 迈向 "省直管县行政改革" ——安徽省直管县财政改革的调查与思考 [J]. 中国行政管理, 2010 (2): 28 – 33.

[62] 孙涛, 赵岩. 近年来省直管县财政管理体制研究述评 [J]. 理论探讨, 2013 (2): 84 – 87.

[63] 谭之博, 周黎安, 赵岳. 省管县改革、财政分权与民生——基于 "倍差法" 的估计 [J]. 经济学 (季刊), 2015, 14 (3): 1093 – 1114.

[64] 滕静. 新预算法背景下省直管县财政管理探究 [D]. 兰州大学, 2020.

[65] 田志刚. 地方政府间财政支出责任划分研究 [M]. 北京: 中国财政经济出版社, 2010.

[66] 王德祥, 李建军. 人口规模、"省直管县" 对地方公共品供给的影响——来自湖北省市、县两级数据的经验证据 [J]. 统计研究, 2008, 25 (12): 15 – 21.

[67] 王婧, 乔陆印, 李裕瑞. "省直管县" 财政体制改革对县域经济影响的多维测度——以山西省为例 [J]. 经济经纬, 2016 (2): 1 – 6.

[68] 王立勇, 高玉胭. 财政分权与产业结构升级——来自 "省直管县" 准自然实验的经验证据 [J]. 财贸经济, 2018 (11): 145 – 159.

［69］王仕军，冯春. 省管县体制改革：实践与理论的理性推进［J］. 探索，2008（4）：79-82.

［70］王小龙，方金金. 财政"省直管县"改革与基层政府税收竞争［J］. 经济研究，2015（11）：79-93.

［71］王雪丽. 目标、条件与路径："省直管县"体制改革研究［D］. 南开大学，2013.

［72］王泽彩. 构建常态化直达资金管理机制［N］. 经济日报，2020-12-25（11）.

［73］习近平. 关于《中共中央关于全面深化改革若干重大问题的决定》的说明［J］. 求是，2013（22）：19-27.

［74］肖建华，陈楠. 基于双重差分法的"省直管县"政策的效应分析——以江西省为例［J］. 财经理论与实践，2017，38（3）：97-103.

［75］肖洁，龚六堂. 我国"省直管县"改革的进展分析——基于政治周期理论的研究［J］. 中国行政管理，2019（5）：116-123.

［76］肖庆文. 省管县体制改革的政府行为差异与推进策略选择［J］. 中国行政管理，2011（9）：109-113.

［77］熊文钊，曹旭东. "省直管县"改革的冷思考［J］. 行政论坛，2008（5）：46-48.

［78］杨灿明，赵福军. 财政分权理论及其发展述评［J］. 中南财经政法大学学报，2004（4）：3-10+142.

［79］杨德强. 省直管县财政改革需要处理好五大关系［J］. 财政研究，2010（3）：52-53.

［80］杨志宏. 财政分权、地方政府行为与经济发展——基于县域视角的理论与实证研究［M］. 北京：经济管理出版社，2017.

［81］杨志勇. 省直管县财政体制改革研究——从财政的省直管县到重建政府间财政关系［J］. 财贸经济，2009（11）：36-41+136.

［82］尹恒，朱虹. 县级财政生产性支出偏向研究［J］. 中国社会科学，2011（1）：88-101.

［83］袁渊，左翔. "扩权强县"与经济增长：规模以上工业企业的

微观证据 [J]. 世界经济, 2011 (3): 89-108.

[84] 张柏明. 扁平化视角下省直管县体制改革比较研究 [D]. 广西师范学院, 2014.

[85] 张璐. 湖南"省直管县"财政改革对县域经济发展的影响研究 [D]. 湖南师范大学, 2019.

[86] 张晏, 龚六堂. 分税制改革、财政分权与中国经济增长 [J]. 经济学 (季刊), 2005 (4): 75-108.

[87] 张永理. 我国行政区划层级历史变迁——兼谈其对省直管县体制改革的启示 [J]. 北京行政学院学报, 2012 (2): 5-10.

[88] 张占斌. 加强省直管县改革的顶层设计和规划 [J]. 行政管理改革, 2011 (6): 37-41.

[89] 张占斌. 省直管县体制改革的实践创新 [M]. 北京: 国家行政学院出版社, 2009.

[90] 张占斌. 政府层级改革与省直管县实现路径研究 [J]. 经济与管理研究, 2007 (4): 22-27.

[91] 赵海利. 基层分权改革的增长绩效——基于浙江省强县扩权改革实践的经验考察 [J]. 财贸经济, 2011 (8): 35-43.

[92] 赵世磊, 李卷. 我国实行省直管理县体制的可行性分析 [J]. 理论与当代, 2007 (7): 16-20.

[93] 郑浩生, 李春梅, 刘桂花. "省直管县"体制下财政转移支付对县域经济增长影响研究——基于四川省59个改革试点县 (市) 的实证检验 [J]. 地方财政研究, 2014 (6): 61-64.

[94] 郑新业, 王晗, 赵益卓. "省直管县"能促进经济增长吗? ——双重差分方法 [J]. 管理世界, 2011 (8): 34-44.

[95] 中国社会科学院宏观经济研究中心课题组, 李雪松, 张彬斌, 汪红驹, 冯明, 李双双. 着力推动改革创新 加快构建新发展格局 [J]. 财经智库, 2020, 5 (6): 5-14+139-140.

[96] 周东明. 财政分权与地区经济增长——基于中国省级面板数据的实证分析 [J]. 中南财经政法大学学报, 2012 (4): 30-35.

［97］周杰. 经济增长、行政体制改革与地方政府间分权［J］. 经济与管理研究，2012（10）：5－12.

［98］朱湘. 我国省直管县改革模式研究［D］. 复旦大学，2010.

［99］Akai N, Sakata M. Fiscal decentralization contributes to economic growth: Evidence from state-level cross-section data for the United States［J］. Journal of Urban Economics, 2002, 52（1）：93－108.

［100］Blanchard O, Shleifer A. Federalism with and without political centralization: China versus Russia［J］. IMF Staff Papers, 2001, 48（1）：171－179.

［101］Brennan G, Buchanan J M. The power to tax: Analytic foundations of a fiscal constitution［M］. Cambridge University Press, 1980.

［102］Conyers D. Centralization and development planning: A comparative perspective［J］. Decentralizing for Participatory Planning, 1990：15－34.

［103］Davoodi H, Zou H. Fiscal decentralization and economic growth: A cross-country study［J］. Journal of Urban Economics, 1998, 43（2）：244－257.

［104］Démurger S. Infrastructure development and economic growth: An explanation for regional disparities in China?［J］. Journal of Comparative Economics, 2001, 29（1）：95－117.

［105］Ewetan O O, Ige C S, Ike D N. Fiscal decentralization and economic growth in Nigeria: A multivariate co-integration approach［J］. Journal of Sustainable Development Studies, 2016, 9（2）.

［106］Faridi M Z. Contribution of Fiscal Decentralization to Economic Growth: Evidence from Pakistan［J］. Pakistan Journal of Social Sciences（PJSS）, 2011, 31（1）.

［107］Han L, Kung J K. Fiscal Incentives and Policy Choices of Local Governments: Evidence from China［J］. Journal of Development Economics, 2015, 116（1）：89－104.

［108］Jin J, Zou H. Fiscal decentralization, revenue and expenditure assignments, and growth in China［J］. Journal of Asian Economics, 2005, 16（6）：1047－1064.

[109] Jacobson L S, Lalonde R. J, Sullivan D G. Earnings loses of displaced workers [J]. American Economic Review, 1993, 83 (4): 685 – 709.

[110] Ligthart J E, Qudheusden P. The fiscal decentralization and economic growth nexus revisited [J]. Fiscal Studies, 2017, 38 (1): 141 – 171.

[111] Li P, Lu Y, Wang J. Does flattening government improve economic performance? Evidence from China [J]. Journal of Development Economics, 2016, 123 (2): 18 – 37.

[112] Litvack J, Ahmad J, Bird R. Rethinking decentralization in developing countries [M]. The World Bank, 1998.

[113] Lozano I, Julio J M. Fiscal decentralization and economic growth in Colombia: Evidence from regional-level panel data [J]. Cepal Review, 2016.

[114] Montinola G, Qian Y, Weingast B R. Federalism, Chinese style: The political basis for economic success in China [J]. World Politics, 1995, 48 (1): 50 – 81.

[115] Oates W E. Fiscal decentralization and economic development [J]. National Tax Journal, 1993, 46 (2): 237 – 243.

[116] Philip A T, Isah S. An analysis of the effect of fiscal decentralization on economic growth in Nigeria [J]. International Journal of Humanities and Social Science, 2012, 2 (8): 141 – 149.

[117] Qian Y, Roland G. Federalism and the soft budget constraint [J]. American Economic Review, 1998, 88 (5): 1143 – 1162.

[118] Qian Y, Weingast B R. Federalism as a commitment to reserving market incentives [J]. Journal of Economic Perspectives, 1997, 11 (4): 83 – 92.

[119] Thiessen U. Fiscal federalism in Western European and selected other countries: Centralization or decentralization? What is better for economic growth? [J]. Unpublished Manuscript, DIW Berlin, 2003.

[120] Wheaton W C. Decentralized welfare: Will there be underprovision? [J]. Journal of Urban Economics, 2000, 48 (3): 536 – 555.

［121］Woller G M, Phillips K. Fiscal decentralisation and IDC economic growth：An empirical investigation ［J］. The Journal of Development Studies, 1998, 34 （4）：139 – 148.